Friedrich-Gustav Trietsch

Der Liquidator

DOGMA

Friedrich-Gustav Trietsch

Der Liquidator

ISBN/EAN: 9783954540099

Auflage: 1

Erscheinungsjahr: 2013

Erscheinungsort: Bremen, Deutschland

© *DOGMA in Europäischer Hochschulverlag GmbH & Co KG, Fahrenheitstr. 1, 28359 Bremen (www.dogma.de). Alle Rechte beim Verlag und bei den jeweiligen Lizenzgebern.*

Der Liquidator.

Schwank in vier Akten

von

Friedrich Gustav Triesch.

Am k. k. Hof-Burgtheater zum ersten Male aufgeführt
am 29. October 1897.

Berlin 1897.

Perſonen.

Ort der Handlung: Berlin.

Zeit: Die Gegenwart.

*) Frau Bendemann iſt als eine hübſche Frau von 28 bis 30 Jahren
gedacht und ſoll dieſe Rolle mit der „Salondame" beſetzt werden.

**) Miß Speatln ſoll durchaus nicht als „komiſche Alte" geſpielt
werden. Sie iſt als etwa 35 Jahre alt und als eine jener Frauengeſtalten
gedacht, die bei ganz einnehmenden Geſichtszügen in Folge ihrer geſchmack-
loſen Toilette und ihres altjüngferlichen, prüden Benehmens für den erſten
Blick viel älter erſcheinen, als ſie in Wirklichkeit ſind.

Erster Akt.

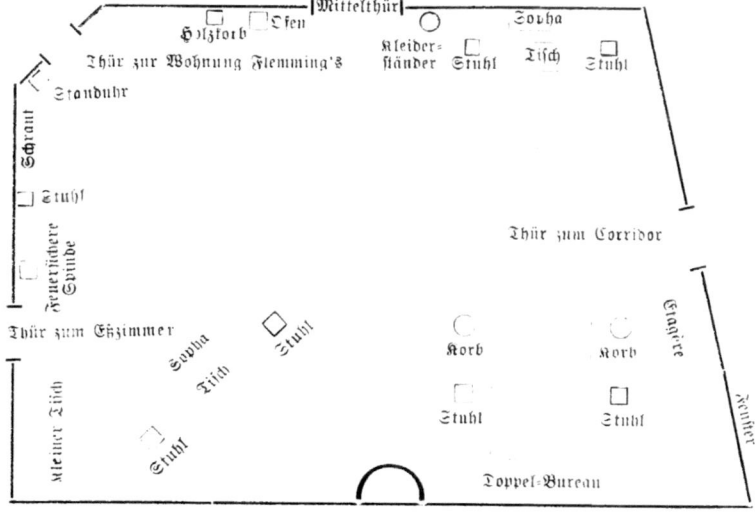

Scenerie: Mit großem Comfort eingerichtetes Bureau bei Flemming. Mittelthür, die in das anstoßende Vorzimmer führt, von welchem aus man nach rechts zu den übrigen Bureaux, sowie zur Privattreppe ge= langt. Rechts Seitenthür, die durch ein Vorzimmer direct zur Privat treppe führt. Weiter vorne rechts Fenster. Links hinten in der abgeschrägten Ecke Thür, die zur Privatwohnung Flemming's führt. Tapetenthür links ganz vorne, die zum Eßzimmer führt. Rechts vorne, ein wenig gegen die Mitte der Bühne, ein elegantes Doppelbureau mit Büchern, Schriften, 2c. Auf demselben Vase mit Veilchenbouquet. Vor jedem Bureau ein leichter Schreibsessel und Papierkorb. Links von der Mittelthür großer Kacheloſen, worin Feuer, daneben links Holzkorb. Links an der Wand ein Bücher

ſchrank, daneben hinten große Standuhr. Links an der Wand hinter der
Thür feuerſichere Spinde. Links ganz vorne kleiner Tiſch, worauf Platte
mit Waſſerflaſche und Gläſern. Rechts hinten an der Wand Sopha, davor
ein langer Tiſch mit grünem oder dunkelrothem Tuch. Darauf Schriften,
Muſterbücher, Muſter von Gas= und Waſſerleitungsrohren. Zu beiden
Seiten des Tiſches Stühle. Links vorne Sopha, davor ein Tiſch und zwei
Stühle, einer rechts, der andere links. Rechts vorne an der Wand zwiſchen
Fenſter und Thür Etagère, worauf Vaſen u. dgl. und ein Servirbrett
mit einer Flaſche Cognac und Gläſern. Rechts von der Mittelthür ein
Kleiderſtänder. Ueber der Thür ein mythologiſches Gemälde. An der Hinter=
wand rechts Portrait des alten Bendemann. Unter demſelben Abbildung eines
Fabrikgebäudes, große Karten mit Muſtern von Gas= und Waſſerlei=
tungsrohren. Links an der Wand verſchiedene Bilder. Ueber dem Doppel=
bureau ein zweiarmiger Luſter, in der Mitte ein großer, prächtiger Luſter,
beide mit Glühlampen. Auf dem Boden Teppich.

1. Scene.

Wüncke [das Feuer ſchürend und dabei Unverſtändliches brummend]. **Kelzer**
[durch die Mittelthür den Kopf hereinſteckend].

Kelzer [43 Jahre alt; von pedantiſchem, aber vortheilhaftem Aeußeren;
zwar nicht nach der letzten Mode, aber mit großer Sorgfalt und Nettig=
keit gekleidet. Immer, auch wenn er verdrießlich iſt, in größter Ruhe.
Laut rufend]. Wüncke! Wüncke! [Mit einer Mappe unter dem Arme
eintretend.] Sagen Sie, haben Sie Strümpfe in den Ohren?

Wüncke [ſtrammer Sechziger, ſehr empfindlich, immer eifrig darauf bedacht,
ſeine Würde als Caſſenbote zu bewahren, pflegt beim geringſten Anlaß
zu brummen oder tief aufzuſeufzen, die Hände ineinander legend, gegen
Himmel zu blicken. Steht auf, ſtößt einen Seufzer der Ungeduld aus,
blickt gegen Himmel].

Kelzer. Wollen Sie mir Antwort geben?

Wüncke [gekränkt]. Ich trage nie Strümpfe in den Ohren. Nur
etwas Baumwolle. Uebrigens — bringe ich Ihnen in Erin=
nerung, daß ich mich freiwillig erboten habe, den erkrankten
Bureaudiener zu vertreten. Ich bin Caſſenbote und werde glück=
lich ſein, wenn ich wieder auf meinen Poſten zurückkehre.

Kelzer. Ich auch. Förmlich heiſer habe ich mich geſchrieen.

Wüncke. Merke nichts.

Kelzer [auf dem Schreibtiſche etwas ſuchend]. Hab' ich Sie gefragt?
Wo haben Sie das Privat=Copirbuch wieder vergraben?
[Wüncke ſeufzt, blickt gegen Himmel] Bemitleiden Sie ſich ſpäter.

Wüncke [an den Schreibtisch tretend, scharf]. Ich vergrabe nie etwas. Ich hab' es hingelegt, wohin es gehört.

Kelzer [ihm gegenüber am Schreibtisch stehend, ihm ärgerlich in's Gesicht sehend]. Sie — Sie — Sie —!

Wüncke [ihm ebenfalls in's Gesicht sehend]. Bitte, Bitte?

Kelzer [wirft einen Blick auf das Pult, besänftigt]. Diesmal haben Sie Recht. Da ist es. [Nimmt das Buch unter den Arm.] Ob denn der Chef einmal pünktlich sein kann. [Zu dem Portrait aufblickend.] Hermann Bendemann — Du warst ein anderer Chef.

Wüncke. Das glaub' ich.

Kelzer. Ist Herr Flemming noch gar nicht dagewesen?

Wüncke. Morgenspazierfahrt. Die reizende Blondine hat ihn im Wagen schon um 8 Uhr Früh abgeholt.

Kelzer [ohne ihn anzusehen]. Die — die — Kleine mit den lustigen Augen?

Wüncke. Die Große mit den traurigen. [In Verzückung.] Einen Wuchs!

Kelzer [ebenso]. Ja.

Wüncke. Einen Mund!

Kelzer. Ja.

Wüncke. Wahrhaftig, man —

Kelzer [plötzlich rauh]. Was — man?

Wüncke. Herr Kelzer!

Kelzer. Sagte der Chef, wann er zurückkehren wird?

Wüncke. Um Neun.

Kelzer [auf seine Taschenuhr blickend, ihm unberrichend]. Es ist aber schon halb Zehn.

Wüncke. Das ist doch nicht meine Schuld!

Kelzer. Nein. Wo ist also das Copirbuch?

Wüncke. Sie haben es doch in der Hand.

Kelzer. Wieso? [Streng.] Unterm Arm hab' ich's. Immer konfus.

Wüncke [seufzend]. Ach Gott!

Kelzer. Seufzen Sie nicht wieder.

Wüncke. Das darf ja der ärmste Negersclave!

Kelzer. Mensch!

Wüncke [zusammenzuckend, entrüstet]. Herr Kelzer — einen Menschen lass' ich mich nicht nennen!

Kelzer. Sie haben Recht. Diese Bezeichnung gebührt Ihnen auch gar nicht.

Wüncke Wenn man 20 Jahre lang Cassenbote ist! Sie schreiben die Summen nur in die Bücher. Mir aber kommen sie in die Hand.

Kelzer [ihn auf die Achsel klopfend]. Und Sie haben noch nie etwas davon behalten.

Wüncke [seufzend]. Das ist's ja eben.

Kelzer. Was! Darum sind Sie auch 20 Jahre Cassenbote hier im Hause. Wissen Sie, wo Sie sonst wären?

Wüncke. Im Zuchthaus!

Kelzer. Nun also. Da haben Sie eine Cigarre.

Wüncke [riecht daran, runzelt die Brauen].

Kelzer. Vielleicht nicht fein genug? [Geräusch eines Wagens.] Ah — ein Wagen — das ist der Chef. [Wendet sich gegen die Mittelthür.]

Wüncke. Soll ich —?

Kelzer. Nichts sollen Sie. [Durch die Mitte ab. Rechts wird geklingelt.]

Wüncke [erstaunt]. Er klingelt? Er ist die Privattreppe herauf. [Nach rechts ab.]

2. Scene.

Wüncke. Flemming [mit Hut, Spazierstock, Handschuhen, eine Blume im Knopfloch, von rechts].

Flemming [sehr nervös, leicht aufbrausend, immer sehr erregt. Im Eintreten]. Haben Sie meinen Thürschlüssel nicht —? [Ihn aus der Westentasche ziehend.] Ah, da ist er ja. [Eilt an's Fenster, wirft lächelnd Kußhändchen hinunter, preßt die Hände an's Herz, tritt ganz nahe, um dem davonrollenden Wagen nachzusehen.]

Wüncke [schüttelt ernst den Kopf].

Flemming [sich umwendend]. Wie konnte Ihnen einfallen, jetzt schon zu heizen! Eine unglaubliche H i t z e hier.

Wüncke. Im Z i m m e r ist keine Hitze. [Hängt den Hut Flemming's an den Kleiderständer.]

Flemming. Wüncke — solche Bemerkungen verbiete ich mir! [An das Pult tretend; mehrere geschlossene Briefe zur Hand nehmend.] Das is doch nicht Alles! [Ungeduldig.] Es muß doch ein Brief von meinem Associé eingetroffen sein! Wo haben Sie den wieder vergraben?

Wüncke. Schon wieder! Herr Flemming, ich vergrabe nie etwas! Aber ich sehe, daß ich hier im Hause nichts mehr recht machen kann. Ich muß daher —

Flemming. Sie kündigen schon wieder? Ich werde mich erschießen, nicht wahr?

Wüncke [tief gekränkt]. Herr Flemming — diesen Hohn hab' ich nicht verdient!

Flemming. Haft Recht, Alter! Uebrigens werden wir nächstens ein Feft feiern. Das Jubiläum Ihrer fünfzigften Kündigung. [Ihm die Wange tätichelnd.] Sei wieder gut, Alter! Du weißt, daß ich Dich nicht entbehren kann!

Wüncke. Sie wollen den Stachel wieder herausziehen. Die Wunde brennt doch.

Flemming [ihm eine Cigarre gebend]. Da — eine feine Cigarre!

Wüncke [die Cigarre prüfend besehend]. Sie brennt, ja sie brennt!

Flemming. Sie brennt noch nicht. Zünden Sie sie draußen an. [Wüncke nach links hinten ab.] Ein alter Narr!

3. Scene.

Flemming, dann Wüncke. Später Kelzer.

Flemming [öffnet die Mittelthür, ruft hinein]. Schulze, ich laffe Herrn Kelzer bitten, mit dem Pofteinlauf zu mir zu kommen. [Setzt sich an das Pult — Platz links — nimmt aus einer Vase auf dem Schreibtiche eine Cigarrette, brennt sie an, öffnet die Briefe. Rechts vorne wird geklingelt. Ungeduldig.] Ah, dieser Wüncke! [Wüncke tritt auf.] Warum sind Sie nicht im Vorzimmer auf Ihrem Poften? [Abermaliges Klingeln.] Dieses Klingeln macht mich noch wahnsinnig.

Wüncke [gelaffen]. Ich glaube, es wurde geklingelt.

[Kelzer durch die Mitte.]

Flemming [auf das Pult schlagend]. Gehen Sie und öffnen Sie endlich!

Wüncke [brummend]. Ein Negerfclave! [Nach rechts ab.]

4. Scene.

Flemming, Kelzer, dann Wüncke.

Flemming. Guten Morgen, Herr Kelzer! [Kelzer verneigt sich ftumm, tritt an den Schreibtich — Platz rechts — setzt sich Flemming gegenüber.] Guten Morgen, Herr Kelzer. [Kelzer rührt sich nicht.] [Auffahrend.] Sie gewöhnen sich nun wohl auch das Grüßen ab?

Kelzer [ohne ihn anzusehen, kalt]. Habe gegrüßt.

Flemming. Habe nichts gehört.

Kelzer. Ich auch nicht.

Flemming. Was heißt das?

Kelzer. Habe eben stumm gegrüßt.

Flemming. Wenn ich, der Chef, aber freundlich guten Morgen zu Ihnen sage, so darf ich denn doch verlangen, daß Sie das Gleiche thun und auch guten Morgen sagen. Das ist die Form.

Kelzer. Form lass' ich mir überhaupt nicht vorschreiben.

Flemming [auffahrend, wüthend]. Das ist denn doch —! [Kelzer steht gelassen auf, wendet sich zum Gehen.] Wohin?

Kelzer. Den Hausdiener schick' ich Ihnen.

Flemming [mit unterdrückter Wuth]. Ah —! [Steht auf, stützt sich mit beiden Händen aufs Pult, den Kopf vorbeugend.] Kelzer, wer ist Chef hier? Ich oder Sie?

Kelzer [wieder sitzend]. Sie.

Flemming. Nun also! [Setzt sich wieder.]

Kelzer [steht auf. Ebenso wie oben Flemming]. Und wer ist seit 23 Jahren hier im Hause?

Flemming [sitzen bleibend]. Na Sie.

Kelzer. Nun also. [Setzt sich wieder.]

Flemming. Kelzer — wenn Sie nicht eine so vielerprobte An= hänglichkeit zu mir hätten —

Kelzer. Zur Firma! Zum Hause H. Bendemann und Com= pagnie. [Mit einer Geberde gegen das Portrait.] Nur dem Gründer der Firma, dem seligen Herrn Bendemann zu Ehren, bleibe ich. Das war ein Chef —! Das war ein Geschäftsmann! Dem wäre es nie eingefallen, Zeit und Geld mit Allotrias zu vergeuden!

Flemming [springt auf. Haltung wie oben, aufbrausend]. Kelzer, wer ist Chef hier? Ich oder Sie?

Kelzer [sitzend]. Sie.

Flemming. Nun also. [Setzt sich wieder.]

Kelzer [aufstehend, wie vorhin]. Und wer ist seit 23 —

Flemming. Ja, ja, ich weiß! [Kelzer setzt sich wieder. — Flemming einlenkend.] Uebrigens — lassen Sie's gut sein, lieber Kelzer! Sie werden von nun an mit mir zufrieden sein. [Klopfen rechts.] Herein! [Zornig zu Wüncke, der sich rechts herein schiebt und die Thür mit der Achsel zuhält.] Warum klopfen Sie denn?

Wüncke [brummend]. So lautete meine Instruction.

Flemming. Es ist doch keine Dame da. [Geht ihm entgegen.]

Wünde. Erstens — Entschuldigung — kann man das bei Ihnen
nie wissen.

Kelzer. Sehr richtig.

Flemming [sich nach Kelzer umsehend]. Wie?

Wünde. Und zweitens ist eine Dame da.

Flemming. Aber d r a u ß e n — nicht h i e r. Warum halten Sie
denn die Thür so krampfhaft zu?

Wünde. Weil sie partout herein will.

Flemming. Geben Sie die Thür endlich frei! [Wünde öffnet.]
Eine Dame? Ein Stubenmädchen!

5. Scene.

Vorige. Rosa.

Rosa [mit einem Veilchenbouquet]. Guten Morgen, Herr Flemming!
Was haben Sie denn da für einen neuen Diener? Das ist
ja ein schrecklicher Grobian!

Wünde. Ich bin Cassenbote! Ein Stubenmädchen — und so
einen Hut!

Flemming. Gehen Sie. [Wünde brummend und kopfschüttelnd nach
rechts ab.]

Rosa [das Bouquet überreichend]. Hier, Herr Flemming, und Frau
Dornwarth läßt Ihnen, wie gewohnt, einen schönen guten
Morgen wünschen. [Setzt sich auf den Schreibsessel links.]

Kelzer [ungehalten]. Ich komme später wieder. [Wendet sich zum Gehen.]

Flemming. Bleiben Sie, Kelzer! [Nimmt das alte Veilchenbouquet
aus der Vase auf dem Schreibtisch, setzt das neue an dessen Stelle.]

Rosa [sich die Hände reibend]. Ah, hier ist's behaglich. Ich muß
mich ein wenig wärmen.

Flemming. Liebe Rosa — ich bedauere, Sie heute nicht länger
zurückhalten zu können.

Rosa. Wie, Herr Flemming? [Tritt an ihn heran, sieht ihm kokett
in d'e Augen.]

Flemming [erzwungen, kalt]. Melden Sie Ihrer Herrin meinen
Dank und Gruß und — ! [Langt plötzlich lächelnd nach ihrem Kinn.]

Rosa. Und —?

Flemming [wieder ganz frostig]. Und sonst nichts.

Rosa. Sonst nichts?

Flemming [wieder freundlich]. Sonst nichts, mein liebes —. [Wieder
kalt.] Guten Tag.

Rosa. Guten Tag, Herr Flemming! [Kopfschüttelnd rechts nach ab.]

6. Scene.

Flemming. Kelzer.

Flemming. Na, lieber Kelzer, haben Sie das gehört? Was sagen Sie zu meiner Energie?

Kelzer [verächtlich die Achseln zuckend]. Energie? [Steht auf.]

Flemming. Setzen Sie sich. Erledigen Sie Ihre Correspondenz heute hier. [Setzt sich an den Schreibtisch — Platz links.]

Kelzer. Aber ich habe —

Flemming. Ich bitte Sie darum! [Kelzer brummt Unverständliches, setzt sich wieder an den Schreibtisch. — Platz rechts.] Liebster Kelzer — Sie wissen, daß ich vorgestern meinem Associé geschrieben habe. [Pause. — Aufbrausend.] So geben Sie doch Antwort!

Kelzer [kalt]. Wieso?

Flemming. Na, wissen Sie's, oder nicht?

Kelzer. Da Sie wissen, daß ich es weiß, brauche ich keine Antwort zu geben.

Flemming. Unausstehlich!

Kelzer. Bitte. Sie haben heut wieder einmal das Bedürfnis, sich auszusprechen. Ich nicht. [Seine Mappe öffnend.] Der Posteinlauf. [Im Geschäftston.] Die Bau-Unternehmung Boenicke und Sohn schreibt bezüglich der bestellten Wasserleitungsrohre —

Flemming. Kelzer — nur heut nicht diese Kälte! Das bringt mich in Hitze.

Kelzer. Physikalisch merkwürdig.

Flemming. Kelzer, liebster Kelzer — sehen Sie mich an! Wissen Sie, warum ich meinem Associé geschrieben habe?

Kelzer [kalt]. Nein.

Flemming. Sie werden sogleich in bessere Stimmung kommen, wenn Sie hören, wozu ich mich feierlich entschlossen habe. Hören Sie: große gründliche Liquidation meiner gesammten Damen-Connexionen!

Kelzer. Wer's glaubt.

Flemming [pathetisch]. Kelzer, seit längerer Zeit schon bin ich ein anderer Mensch! Merkten Sie denn das nicht?

Kelzer. Nein.

Flemming. Kelzer, ich liebe!

Kelzer. Schon dagewesen.

Flemming. Ich habe die ernstesten Absichten.

Kelzer. Schon dagewesen.

(**Flemming**. Diesmal handelt es sich um mein Lebensglück.
Kelzer. Schon dagewesen.
Flemming. Sie machen mich noch rasend!
Kelzer. Schon dagewesen.
Flemming [Kelzer's Hand ergreifend]. Kelzer — ich kann ohne sie
nicht leben!
Kelzer [erstaunt]. Was?
Flemming. Mensch — ich meine doch nicht S i e! Merkten Sie
denn nicht, als sie gestern Mittag eintrat, wie erregt ich
war?
Kelzer. Sind Sie immer, wenn eine f i e eintritt.)
Flemming. Ach, ich denke nur mehr an Frida — Frida Will-
mersdorf. Und sie muß und wird mein Weib werden.
Kelzer. S i e wollen heiraten? Eine geschiedene Frau?
Flemming. Frida steht rein da, wie eine Lilie! Sie hat sich
von ihrem Gatten getrennt, weil er das Gelöbnis der Treue
verletzte.
Kelzer. Gratulire der Dame zu d i e s e m N a c h f o l g e r.
Flemming [betheuernd]. Treu bis an's Ende.
Kelzer. Natürlich bis an's Ende.
Flemming. Nein, Kelzer, diesmal ist's echt! Sie ist ja ent-
zückend! Kelzer, wenn ich denke, was Frida als Mädchen
für ein unansehnliches Ding war. Und jetzt als Frau —!
Wie sie sich entwickelt hat!
Kelzer. Ja, ja — insofern halten Sie was auf Formen.
Flemming. Und dann der Charakter! (Und der Geist, der Humor!
Alles für mich förmlich geschaffen!
Kelzer. Könnte mich nicht reizen.
Flemming [wüthend]. Kelzer, Sie sind ein E—
Kelzer. Wie?
Flemming. Ein — ein — E—hren— [Ihm die Hand schüttelnd.]
Ehrenmann.
Kelzer. Bitte.)
Flemming. Also, Kelzer — was denken Sie von der Sache?
Von der Liquidation?
Kelzer Zu einer solchen Liquidation, die natürlich, bevor Sie
sich verheiraten, durchgeführt werden muß, gehört moralische
Kraft. Die aber haben Sie noch n i e gehabt! Beweis: die
unglaubliche Quantität von — — Pensionärinnen, die an
Ihnen hängen.

Flemming [ſich hinter'm Ohr kratzend]. Weiß Gott. Eben d a r u m habe ich ja meinen A ſſ o c i é hierher gebeten! Freund Paulmann iſt der Mann, wie ich ihn brauche. In Geld= angelegenheiten zäh, energiſch und ſtreng moraliſch — wird er meine Liquidation mit Beharrlichkeit und, wenn es ſein muß, mit eiſerner Strenge durchführen.

Kelzer. Wenn er ſich dazu herbeiläßt.

Flemming. Das muß er! Wo er aber bleibt! Und warum er meinen Brief ohne Antwort ließ! Gerade morgen — 's iſt Sonntag und Monatsanfang — hätte ich ihn gern ſchon da gehabt! Ich bin wüthend über ſeine Saumſeligkeit! [Heftiges Klopfen rechts. Zuſammenfahrend.] Was iſt — ?

Kelzer. N e r v e n haben Sie.

Flemming. Haben Sie keine?

Kelzer. Andere. [Abermaliges Klopfen.]

Flemming [wüthend]. Herein! [Wüncke öffnet die Thür.] Warum klopfen Sie denn ſchon wieder?

7. Scene.

Vorige. Wüncke.

Wüncke [mit einer Viſitenkarte]. Weil eine Dame da iſt.

Flemming. Aber draußen! Wenn eine hier im Zimmer iſt, haben Sie zu klopfen! Sie Eskimo!

Wüncke. Eskimo? Herr, ich —! Herr —!

Flemming. Ich weiß, Sie kündigen mir ſchon wieder. Geben Sie! [Reißt ihm wüthend die Viſitenkarte aus der Hand.] Ah, die neue Geſellſchafterin! Laſſen Sie die Dame eintreten. [Wüncke entrüſtet ab.]

Flemming. Bleiben Sie doch, lieber Kelzer!

Kelzer. Danke, ich will a r b e i t e n. [Mit der Mappe durch die Mitte ab.]

8. Scene.

Flemming. Miß Speakly.

Flemming [ihr den Stuhl rechts vom Tiſche anbietend]. Gnädige Frau —!

Miß Speakly [etwa 35 Jahre alt, ein wenig altmodiſch, aber doch elegant gekleidet, mit rundem, nach abwärts gebogenem Hut mit herab= gelaſſenem Schleier und hellblauer Brille. — Soll durchaus nicht als

„komische Alte" gespielt werden und scheint nur in Folge ihrer geschmacklosen Toilette und ihres altjüngferlichen, prüden Benehmens für den ersten Blick viel älter, als sie in Wirklichkeit ist. — Ihn durch eine feierliche Geberde unterbrechend.] **Miß** — Miß Speakly! Ich bin unverheiratet.

Slemming. Natürlich.

Miß Speakly. Natürlich? [Schlägt den Schleier zurück.]

Slemming. Ah — verzeihen Sie.

Miß Speakly. Gestatten Sie, daß ich diese Brille behalte. Sie wissen, während der Eisenbahnfahrt flog ein Kohlenstückchen mir ins Auge. Es ist schon ganz gut, aber das Auge bedarf noch der Schonung.

Slemming. Gewiß, gewiß! Bitte, bitte! [Miß Speakly setzt sich auf den angebotenen Stuhl links am Tische. Flemming setzt den Schreibsessel nach links vor. Sich setzend.] Also, Miß Speakly — ich darf mir Ihr Erscheinen wohl so deuten, daß Sie den Posten zu den besprochenen Bedingungen annehmen.

Miß Speakly. Indeed!

Slemming. Man hat Sie mir als eine Dame von peinlichster Gewissenhaftigkeit und strengsten Grundsätzen geschildert.

Miß Speakly. Mit Fug und Recht. Ich heiße Speakly and J am an English lady!

Slemming. Indeed — ah, jawohl.

Miß Speakly. Ich war sechs Jahre Vorsteherin einer höheren Mädchenschule in London. Mein in Gott ruhender Vater war Kirchenrath. Mein in Gott ruhender Großvater Schulinspector. Mein —

Slemming [ihr ins Wort fallend]. Danke, danke! Zwei Generationen genügen mir. Verehrte Miß Speakly — ich darf also darauf rechnen, daß Sie meiner Braut bis zu unserer Vermälung zur Seite stehen werden. Sie wissen, daß meine Braut eine geschiedene Frau ist.

Miß Speakly. Ich weiß.

Slemming. Sie ist außerdem elternlos — und die Männerwelt ist heutzutage unglaublich dreist und gewissenlos.

Miß Speakly. Zu wem sagen Sie das! [Wendet sich verschämt ab.]

Slemming. Was — auch Sie? Diese Männer! (Ich will meiner Braut — verstehen Sie — beweisen, daß ich es, wo sich's nun die Moral handelt, sehr strenge nehme. Meine Braut ist nämlich in diesem Punkte furchtbar rigoros.

Miß Speakly. Very well! Das hör' ich mit großer Freude.)

Klemming. Sie werden also immer darauf bedacht sein, meine Braut vor jedweder Annäherung zu schützen.

Miß Speakly. Das verspreche ich.

Klemming. Sie sollen nicht einmal m i ch — trotzdem ich ihr künftiger Gatte bin — dabei ausnehmen.

Miß Speakly. Das verspreche ich.

Klemming. Ich habe vollstes Vertrauen zu Ihnen. Höchstens ein Bedenken hätte ich noch. Gestatten Sie mir eine Frage! Sie haben nie g e l i e b t ?

Miß Speakly [rasch aufstehend]. Mein Herr —!

Klemming. Meine Frage hat einen sehr triftigen Grund —

Miß Speakly. Mein Herr — Sie gestatten, daß ich mich augen= blicklich — ja augenblicklich entferne!

Klemming [ihr den Weg vertretend]. Aber hören Sie doch nur —

Miß Speakly [rasch ihren Schleier herablassend, ihn strenge zurück= weisend]. Bitte! [Tritt an die Mittelthür.]

Klemming. Das ist die Richtige!

Miß Speakly. Wie?

Klemming. Entschuldigung — dieser Ausruf war nicht für Sie bestimmt. Ich sehe mit dem größten Vergnügen, daß Sie, verehrte Dame, vollkommen meinen Intentionen entsprechen. Wollen Sie mir aber nun doch gestatten, meine Frage zu wiederholen. Also, Miß Speakly, [Ladet sie ein, wieder ihren Platz einzunehmen, setzt sich auch wieder.] mit aller Delikatesse — haben Sie schon geliebt?

Miß Speakly [wieder sitzend]. Shocking! Never! Niemals, mein Herr. [Schlägt den Schleier wieder zurück.]

Klemming. Das bedauere ich.

Miß Speakly. Und warum?

Klemming Weil ich glaube, daß eine Frau schon geliebt haben, darin p e r s ö n l i ch e Erfahrungen besitzen muß, um einer Anderen so recht als Warnerin, als Schützerin zur Seite stehen zu können.

Miß Speakly. Ich bin nicht der Meinung von Ihnen. Ich könnte auch den Beweis führen.

Klemming. Darf ich Sie darum bitten?

Miß Speakly. Of course. Ich schicke voraus, daß der Mensch ohne Erfahrung foolish! — Ah how do you say foolish in German?

Klemming. Foolish — foolish?

Miß Speakly. Ah thöricht!

Flemming. Natürlich thöricht!

Miß Speakly. Also thöricht bleibt. In mancher Hinsicht. Ich bin thöricht geblieben.

Flemming. Sie gehen zu weit.

Miß Speakly. Bitte — in mancher Hinsicht. Nun aber können auch Erfahrungen den Menschen thöricht machen, ihn verwirren. Zum Beispiel, einem Menschen, der verliebt ist, mangelt die Klarheit des Denkens. Er sieht Alles durch das Prisma seiner Gefühle. Man wird daher über den Zustand, den man Liebe nennt, zu viel exacteren Schlüssen gelangen, wenn man ihn bloß theoretisch, aber geleitet von der großen Hand eines psychologischen Meisters ins Auge faßt.

Flemming [ungeduldig]. Entschuldigen Sie, Miß Speakly, es handelt sich mir aber durchaus nicht um das Psychologische der Sache, sondern —

Miß Speakly [ihn unterbrechend]. Ich verstehe Sie vollkommen und werde sogleich zu dem Punkte gelangen, den Sie im Auge haben.

Flemming. Also bitte!

Miß Speakly. Ich war noch kaum den Kinderschuhen entwachsen, als eine mächtige Persönlichkeit, ein Landsmann von mir, einen ganz gewaltigen Eindruck auf mich ausübte. So zwar, daß er mein ganzes Ich ausfüllte, in Fesseln schlug.

Flemming. Ah — also doch! Na, sehen Sie —!

Miß Speakly [verächtlich]. Bitte — Sie mißverstehen mich. Diese Persönlichkeit war William Shakespeare.

Flemming. Was? Der Mann ist ja fast 300 Jahre todt.

Miß Speakly. Für mich l e b t er! Welchem Dichter wäre es so wie Shakespeare in seinem unsterblichen hohen Lied der Liebe, in „Romeo und Julia", gelungen, das innere Wesen der Liebe, wenn ich so sagen darf, deren K n o c h e n g e r ü st bloßzulegen. Zwei Geschöpfe, ein männliches und ein weibliches, treten aufeinander los. Da plötzlich — ein Blitz —!

Flemming. Ein Blitz?

Miß Speakly. Ja, ein Blitz — und in Beiden flammt die Liebe auf. Wahrhaftig, der große Shakespeare hat Recht. Das ist die w i r k l i ch e Liebe. Alles Andere ist nothing — ist Plunder. O, ich bewundere A l l e s, was Shakespeare hat geschrieben, aber d a mit hat er mir den größten Respect eingeflößt.

Flemming. Dieser Respect hat Sie vielleicht sogar verhindert — sich zu verlieben?

Miß Speakly. Wie meinen Sie das?

Flemming. Nun Sie — Sie warteten immer auf diesen Blitz!

Miß Speakly. Indeed. Ich warte noch darauf.

Flemming. Noch? Sie haben eine kolossale Geduld! Na, möglich ist ja Alles!

Miß Speakly. O yes!

9. Scene

Vorige. Frida, Kelzer.

Frida. Danke, Herr Kelzer. A l l e i n hätte ich mich wirklich nicht getraut, durch die Bureaux zu gehen. Was es da für eine Menge junger Herren gibt — schrecklich! [Zu gemessenem Tone.] Guten Morgen, Julius!

Flemming [der beim Erscheinen Frida's aufgestanden ist und den Schreibsessel wieder an seinen Platz am Schreibtisch gesetzt hat, zärtlich]. Guten Morgen, meine liebe Frida! Warum kommst Du durch die Bureaux? [Zu Miß Speakly.] Entschuldigung! [Miß Speakly steht auf.]

Kelzer. Meine Gnädige! [Will fort, setzt sich, da Frida ihn nicht fort läßt, an den Schreibtisch — Platz rechts.]

Frida. Bleiben Sie noch, Herr Kelzer! Ich sagte Ihnen ja schon, daß ich Sie um etwas bitten möchte.

Flemming [links vorne]. Erlauben Sie, Miß Speakly, daß ich Ihnen gleich Frau Frida Willmersdorf, meine Braut, vorstelle. Miß Speakly, meine — ah Deine Gesellschafterin, oder vielmehr mütterliche Freundin.

Miß Speakly. Mein Herr!

Flemming. Ach so — Entschuldigung! Nicht mütterliche! Freundin kurzab.

Miß Speakly. Ich heiße Sie willkommen! [Drückt Frida die Hand.]

Frida. Auch ich heiße S i e willkommen. Da duftet's nach Veilchen?

Miß Speakly. Indeed. Es duftet schön.

Frida [nach dem Pulte blickend]. Ah dort! Julius, woher sind denn diese Veilchen? [Nimmt sie aus der Vase.]

Flemming [ihr das Bouquet aus der Hand nehmend]. Diese Veil —

Di e se Veilchen? Ko — komische Frage! Von — von meinem guten Kelzer sind sie. Ja, der gute Kelzer bringt mir jeden Morgen ein Sträußchen. [Kelzer brummt Unverständliches.]

Frida. Das ist aber nett von Herrn Kelzer!

Flemming. Nicht wahr?

Miß Speakly. Entzückend!

Flemming. Ja — das ist ein lieber Mensch, dieser Kelzer. [Mit ihr nach links tretend, beklommen] Aber was führt Dich eigentlich zu mir, liebste Frida? Du — Du kommst mir so — so gemessen, so frostig vor.

Frida [zu seiner Linken, leise zu ihm]. Mich hat eine gewisse Unruhe hergetrieben.

Flemming. Unruhe?

Frida [ihn fixirend]. Julius — sieh mir ins Auge! Mein Stubenmädchen will Dich heute Früh mit einer blonden Dame in einem Wagen gesehen haben

Flemming. Sie will! Was geht mich das an, was Dein Stubenmädchen will! Kind, ich pflege nie mit blonden Damen in einem Wagen zu fahren.

Frida. Es ist also ein Irrthum?

Flemming. Ganz natürlich!

Frida. Erinnere Dich nur immer, Julius, warum ich mich von meinem ersten Gatten getrennt habe. Den bloßen Hauch einer Untreue könnte ich nicht ertragen.

Flemming. Ich auch nicht. Aber sei ganz ruhig. Ich bin ein ganz Anderer als Dein erster Gatte. Fest, treu, unwandelbar — ein Felsen! Kelzer, was? Kann Frida Vertrauen haben? Verehrte Miß Speakly, wollen Sie nun Ihr Amt antreten und die junge Dame in Ihren Schutz nehmen.

Miß Speakly. Das verspreche ich.

Flemming. Sie gestatten, daß ich meiner Braut zum Abschied einen Kuß gebe — —

Miß Speakly. Nein.

Flemming. Was?

Miß Speakly. Das gestatte ich nicht. Ein Kuß vor Leuten — das ist shocking.

Flemming. Aber die Hand darf ich ihr doch küssen.

Miß Speakly. Die Hand? Ja.

Frida. Also, Julius, aber hübsch artig. [Hält ihm die Hand hin Miß Speakly tritt ganz nahe, überwacht Flemming.]

2*

Flemming. Bitte! [küßt Frida die Hand. Zu Frida, halblaut.] Da hab' ich mir was Schönes eingerichtet. [Zu Miß Speakly.] Aber Sie haben Recht, Sie haben vollständig Recht! [Lautes Klopfen rechts.] Herein!

10. Scene.

Vorige. Wüncke. Gleich darauf **Paulmann.**

Wüncke. Herr Flemming —!

Flemming [zornig]. Aber —!

Wüncke. Herr — !

Flemming. Also, was gibt's?

Wüncke. Gleich wird er da sein.

Flemming. Wer denn?

Wüncke. Er kommt schon die Treppe herauf. Freilich sehr langsam, weil er sein Gepäck trägt.

Flemming [ungeduldig]. Wer denn?

Wüncke. Nu — Ihr Associé!

Flemming. Mensch — und Sie haben ihm das Gepäck nicht abgenommen?

Wüncke [würdevoll]. Ich bin Cassenbote!

Flemming. Gehen Sie zum —! [Eilt an die Thür rechts, öffnet. Paulmann wird — einen Cylinderhut auf dem Kopfe, in der einen Hand einen Koffer, in der anderen Plaid und Tasche, unter den Armen Spazierstock und Regenschirm — sichtbar.]

11. Scene.

Flemming. Benno — wo kommst Du denn her — zu dieser Stunde?

Paulmann. Vom Bahnhof. Grüß Gott, Herr Melzer!

Melzer. Guten Tag, Herr Paulmann.

Flemming. Aber um d i e s e S t u n d e?

Paulmann. Bin mit dem Personenzug gefahren.

Flemming. Unglaublich! Und Dein Gepäck schleppst Du selber!

Paulmann [sein Gepäck beim Schreibtisch ablegend]. Spesen=Reducirung! Weißt Du, was unser Spesenconto bis dato für einen Saldo aufweist? [Zieht sein Notizbuch hervor.]

Flemming. Das wollen wir doch später — ! Erlaube! [Vorstellend.] Herr Paulmann, mein Associé. Miß Speakly.

Miß Speakly [knixend]. Mein Herr ! [Man merkt, daß Paulmann einen sehr vortheilhaften Eindruck auf sie macht.]

Flemming [fortfahrend]. Die junge Dame kennst Du.

Paulmann [sich verbeugend, unsicher]. Gewiß, das heißt —

Flemming [stolz und feierlich]. Frau Frida Willmersdorf.

Paulmann. Frida? Haben Sie sich verändert. [Begrüßung.]

Frida. Aber hoffentlich zu meinem Vortheil.

Flemming. Zu m e i n e m Vortheil! Wüncke, werden Sie noch lange zusehen?

Wüncke [der hinter dem Schreibtisch neugierig zuhörend dagestanden, gekränkt]. Nicht einmal das?

Flemming [auf das Gepäck deutend]. Nehmen Sie endlich das Gepäck.

Wüncke. Ja denn — obzwar ich Cassenbote bin. [Paulmann's Gepäck nehmend.] Angenehme Reise gehabt, Herr Paulmann?

Paulmann [wiederholt bewundernde Blicke auf Frida werfend]. Danke! Und wie geht's Ihnen, lieber Wüncke?

Wünke. Du lieber Gott — fragen Sie mich gar nicht!

Flemming. Wüncke — sagen Sie Babette, das Frühstück für z w e i Personen. Und möglichst rasch! Vorwärts!

Wüncke. Ich gehe ja schon. [Brummend.] Ein Negersclave! [Mit dem Gepäck nach links hinten ab.]

Flemming Liebe Frida, Miß Speakly — ich bitte jetzt um Entschuldigung, aber

Frida. Ja, ja, wir gehen.

Flemming [zu Miß Speakly]. Sie haben Ihr Amt ja schon ange- treten. Und mit Energie, wie ich mich überzeugt habe. Ich hoffe, daß Sie so fortfahren.

Miß Speakly. Das verspreche ich.

Frida [laut]. Herr Paulmann! [Gibt Kelzer einen Wink.]

Paulmann. Es hat mich unendlich gefreut! [Miß Speakly, Frida und Kelzer durch die Mitte ab. Paulmann macht wiederholt tiefe Verbeugungen.]

12. Scene.

Flemming, Paulmann, dann **Babette** von links hinten. Später **Wüncke.**

Flemming. Lieber Benno — Du bist ja merkwürdig höflich geworden, seit ich Dich nicht gesehen habe.

Paulmann [seinen Cylinderhut an den Kleiderständer hängend]. Nun ja — diese Frida ist aber auch merkwürdig hübsch geworden, seit ich sie nicht gesehen habe!

Klemming. Sie scheint Dir ja sehr zu gefallen.

Paulmann. Uebrigens kann man gegen Frauen nie z u höflich sein. Ausspruch Deiner Tante Bendemann.

Klemming [setzt sich links vorne auf den Stuhl rechts]. Sag' mal — schon aus Deinen Briefen hab' ich's gemerkt — die Tante scheint Dich ja immer mehr und mehr zu dominiren?

Paulmann. Reden wir nicht davon. [Rückt den Schreibsessel vom Schreibtisch ein wenig nach links, setzt sich darauf.]

Klemming. Im Gegentheil! Die Sache hat — da sie Gesell=schafterin unserer Firma ist — auch für mich sehr lebhaftes Interesse!

Paulmann. Nun denn ja, es muß einmal heraus! [Nach links zu Flemming tretend.] Julius, Du weißt, in meiner Familie gab's eine böse Schwiegermutter. Darum hatte ich vor nichts so Angst, wie vor dieser Species! [Blickt vorsichtig um.] Du — Species darf man doch sagen?

Klemming. Ja wohl — das darf man sagen.

Paulmann. Da heirate ich denn ein junges Mädchen ohne Vater, ohne Mutter, eine Waise. Einzig und allein eine reizende, junge Tante war da. Sehr nett, adrett, obendrein kinderlos, Witwe — die meine Frau, mein Trudchen, Du weißt es ja, erzogen hatte, als wenn sie deren ältere Schwester wäre. Und was passirt mir? Diese harmlose Tante krystallisirt sich ganz unversehens zu einer Schwiegermutter! [Wirft sich auf den Schreibsessel am Pult.]

Klemming. Also wirklich! Na sag' mal, Benno — und von einer so jungen Frau läßt Du Dir im Ernst imponiren?

Paulmann. Weißt Du — es kleidet sie gar so allerliebst, wenn sie die strenge Miene aufsetzt —

Klemming. Ich glaube gar, Du gehorchst ihr eigentlich ganz gerne!

Paulmann. Ginge Dir gerade so! [Babette mit einem Theebrett, worauf das Frühstück, Teller, Bestecke, Wein &c.]

Klemming. Setz' es nur hin. Beeile Dich, Babette. [Sie deckt den Tisch links und geht, wenn sie damit fertig ist — ad libitum — nach links hinten ab. — Flemming ungeduldig zu Wüncke, der von links hinten eintritt.] Was wollen Sie denn schon wieder?

Wünde. Ich m u ß doch hier durch. Eine solche Schinderei! [Ab nach rechts.]

Flemming [nach rechts zu Paulmann tretend]. Jetzt sag' mir aber vor Allem, Benno, warum Du weder brieflich noch telegraphisch geantwortet hast.

Paulmann. Ich kam doch persönlich. Wäre es nicht schade um die Spesen gewesen?

Flemming. Schon wieder die Spesen! Sag' doch mal — diese krankhafte Spesenscheu stammt doch gewiß auch von der Tante?

Paulmann. Aber natürlich! Sie predigt bei jeder Gelegenheit, die erste Pflicht zweier Neuvermählten sei, für die Zukunft ihrer Kinder zu sorgen.

Flemming. Ah — da kann man Dir also gratuliren. [Will ihm die Hand reichen.]

Paulmann [verschämt]. Aber nein!

Flemming. Na, na!

Paulmann. Aber nein, auf Ehre nein!

Flemming. Gar so feierlich brauchst Du Dich nicht zu verwahren! Man muß aber sagen: Tante Bendemann ist eine vorsorgliche Frau! Aber zur Sache, Benno. Ich habe sehr, s e h r Wichtiges mit Dir zu besprechen. Oder willst Du zuvor den Reisestaub abschütteln?

Paulmann. Schon im Bahnhof geschehen. Das mußt Du doch merken.

Flemming. So! [Sich erinnernd.] Herr Je— das Frühstück! Ein Frühstück wirst Du aber wohl nicht verschmähen?

Paulmann. Nein!

Flemming. Also setz' Dich nur rasch. [Setzt sich links an den Tisch auf den Stuhl rechts, gießt Wein ein.]

Paulmann [hat sich Flemming zur Rechten auf das Sopha gesetzt]. Nun so laß' hören, was Du mir zu sagen hast. Ich bin gespannt. [Beginnt zu essen und zu trinken.]

Flemming [immer Paulmann's Glas füllend]. Also, liebster Benno — Dir geht es brillant, nicht wahr?

Paulmann. Gewiß.

Flemming. Wodurch aber ist Dein Glück begründet worden? — Einzig nur allein dadurch, daß ich Dich zu meinem Associé machte. Du wirst als Solcher von Jahr zu Jahr wohlhabender! Ueberdies bist Du

Paulmann [sich ein wenig erhebend und Flemming's Gesicht mit beiden Händen fassend]. Julius, ich weiß dies Alles sehr genau und werde wahrhaftig n i e vergessen, wie sehr ich Dir Dank schuldig bin! [Setzt sich wieder, fährt fort zu essen.]

Slemming. Verzeih', lieber Freund, ich war zu dieser Einleitung gezwungen, weil ich einen g r o ß e n Dienst von Dir fordern will!

Paulmann. Großen Dienst? Du machst mich unruhig.

Slemming. Versprich mir vor Allem unverbrüchliche Verschwiegenheit.

Paulmann. Das ist doch selbstverständlich!

Slemming. Deine Hand! [Paulmann reicht ihm die Hand]. Benno — ich hab' also Dein Ehrenwort?

Paulmann. Freilich hast Du es.

Slemming. Benno — Du hast es in der Hand, mein Lebensglück zu begründen.

Paulmann. Wieso denn?

Slemming. Frei — f r e i mußt Du mich machen! Mich aus einer Sclaverei erlösen, der ich ohne Deine Hilfe nie entrinnen würde.

Paulmann. Sclaverei?

Slemming. Die Weiber! Die Weiber! Guter Benno — Du hast ja keine Ahnung von meinen verwickelten Verhältnissen und Beziehungen.

Paulmann. Verhältnissen und Beziehungen? Ich verstehe kein Wort!

Slemming. Also höre, Benno! Im Laufe der Jahre bin ich — selbstverständlich — gar manchem hübschen Frauenzimmer näher getreten.

Paulmann. Was meinst Du damit?

Slemming. Hör' mich nur an. Siehst Du, ich bin nämlich allmälig ganz unversehens — ich hatte eigentlich gar nicht die Absicht — ein — ein — wie soll ich mich ausdrücken — ein großer Kunstmäcen geworden. Groß in d e m Sinne, daß ich riesig vielseitig bin! Und da bereitete es mir denn eine aufrichtige — ja, ja eine wirkliche Freude, junge Talente ausbilden zu lassen. Das kommt so mit den Jahren. Freilich — h ü b s c h mußten sie sein — die Talente. Mitunter — wenn sie recht hübsch waren — brauchten sie nicht einmal T a l e n t e zu sein. Das kommt auch mit den Jahren. Außerdem — Du wirst das nicht recht verstehen, Du kommst ja nur dann und wann nach der Großstadt —! Siehst Du, an einem Jeden, der Geld, der größere Einkünfte hat, hängt eine Menge von

Leuten, die ihn fortwährend in Anspruch nehmen. Na und das Neinsagen war nun — Du weißt es — nie meine starke Seite. Und nun gar dem weiblichen Geschlecht gegenüber bin ich von einer Energielosigkeit — reden wir nicht davon!

Paulmann [ihn mitleidsvoll umarmend]. Wir müssen wohl davon reden, armer Julius.

Slemming. Na, zu bedauern brauchst Du mich gerade nicht! Mitunter war die Sache ja ganz amüsant. Und die Sache wäre überhaupt gar nicht so schlimm, wenn ich nicht einen großen Fehler hätte! So stark ich im Anknüpfen bin — so schwach bin ich im Lösen!

Paulmann. Eine gefährliche Eigenschaft! Julius, diese Schwäche muß Dir ja ein Vermögen gekostet haben!

Slemming. Ja — billig ist so was nicht!

Paulmann. Unglaublich! Daß aber wir in der Fabrik nie das Geringste von alledem erfuhren.

Slemming. Was gehen denn meine Privatangelegenheiten die Fabrik an! Also — kurz und gut: ich will ein Ende machen —!

Paulmann. Du, sag' mal, Julius — Frida Willmersdorf — die gehört wohl auch zu jenen — Beziehungen?

Slemming [feierlich]. Sei so gut, mit Hochachtung von Frida zu sprechen. Ich habe Dir und der Tante doch schon brieflich mitgetheilt, daß ich sie zu heiraten entschlossen bin.

Paulmann. Ist es wirklich Dein Ernst?

Slemming. Heiliger Ernst! Eben darum will und muß ich ja alle jene . . . Beziehungen kurzer Hand — wie soll ich sagen — liquidiren.

Paulmann. Wie nennst Du das? Ah, liquidiren. Schwieriger Fall, da Du so schwach im Lösen bist.

Slemming. Nun eben darum wird ein Anderer für mich eintreten. Und Einer, der alle zu einem solchen Amt erforderlichen Eigenschaften in hervorragendem Maße besitzt.

Paulmann [ahnungslos]. So. Und wer ist denn, wenn man fragen darf, dieser Liquidator?

Slemming. Da sitzt er.

Paulmann. Wie?

Slemming [ihn auf die Schulter schlagend]. Du bist's, Benno.

Paulmann [entsetzt von ihm wegrückend]. Ich — ? Um keinen Preis!

Slemming. Du mußt, Benno! Weil ich diesen Freundschaftsdienst von Dir fordere.

Paulmann [nach links flüchtend]. Nicht um alles Geld der Welt! Unmöglich!

Flemming [ihm folgend und ihn festhaltend]. Es muß möglich sein! Ich kann und darf keinem Fremden einen so tiefen Einblick in meine Privatverhältnisse gewähren. Bedenke, wenn Tante Bendemann, die so viel auf Moral und Sparsamkeit hält, etwas davon erführe! Sie würde sofort ihre Capitalseinlage kündigen! Und Frida, meine Braut! Wenn sie nur das Geringste erfährt — sind wir geschiedene Leute!

Paulmann. Schon vor der Trauung! Das wäre rasch! Julius — aber ich weiß ja gar nicht, wie ich die Sache anfassen soll!

Flemming [vorne in der Mitte der Bühne — Paulmann steht zu seiner Rechten]. Das ist das Mindeste: Du erhältst von mir alle er= forderlichen Instructionen. Wir fangen gleich damit an. [Einen zusammengefalteten Bogen hervorziehend.] Da hast Du eine genaue Aufstellung aller meiner — Schützlinge, Pfleglinge oder Pensionäre und Pensionärinnen — nenn' sie, wie Du willst! [Drückt ihm die Liste in die Hand.]

Paulmann [verblüfft in die entfaltete Liste blickend]. Was — die Alle! Julius, das ist ja unglaublich!

Flemming. Freilich ist's unglaublich! Zumal, wenn man bedenkt, daß ich einen großen Theil dieser Leute — das ist die volle Wahrheit, Benno! — das ganze Jahr nicht zu Gesicht be= komme! Außer wenn sie ihre Pension beheben — ja oft nicht einmal dann!

Paulmann [sich kaum fassend]. Und so was gibt's? Unglaublich! [Durchsieht die Liste, murmelt dabei Unverständliches. Nach kleiner Pause.] Ach, daneben stehen die Beträge, die Du zur Regu= lirung —! [Erschrocken.] Hör' mal: Du hast ja da Summen ausgeworfen, daß einem ganz angst und bange wird! Fünf= zehnhundert Mark — zweitausend — dreitausend Mark! [Murmelnd.] Transport! [Brummt unverständlich eine Summe, wendet das Blatt, fährt erschreckt zusammen. Außer sich.] Wa—s?

Flemming. Was hast Du denn?

Paulmann [an Flemming herantretend]. Mensch — Freund — Ju — lius —, das ist denn doch nicht möglich! Achtzehn= tausend fünfhundert Mark! [Immer erregter.] Achtzehn= tausend fünfhundert Mark! [Die Hände ringend und dabei wie verrückt umherschreitend.] Achtzehntausendfünfhundert Mark! Und ich soll die Hand dazu bieten, eine solche Summe — ein ganzes Vermögen — diesen Pensionärinnen in den Rachen zu stecken? Das mach' ich nicht! Das mach' ich nicht! [Drückt Flemming die Liste wieder in die Hand.]

Flemming. Beruhige Dich doch! Schließlich bist es ja nicht Du, der die Kosten trägt, sondern ich!

Paulmann. Das ist egal. Ich kann's auch nicht sehen, daß ein Anderer so sein gutes Geld zum Fenster hinauswirft.

Flemming. Benno, das verstehst Du nicht. Du wirst daher so gut sein, meine Liquidation genau, wie ich Dir Alles vorge= schrieben, durchzuführen. [Gibt ihm die Liste wieder zurück.]

Paulmann. Achtzehntausendfünfhundert Mark! Ich mach' Dir das Ganze um zweitausend Mark!

Flemming. Sprich nicht solchen Unsinn! Ich will die Sache wie ein Cavalier zu Ende führen. Du zahlst um keinen Pfennig weniger aus, als ich Dir vorgeschrieben habe.

Paulmann. Das bringt mich in's Grab! Achtzehntausendfünf hundert Mark! Aber einen Cassensconto darf ich natürlich für Dich abziehen. Sagen wir zehn Percent.

Flemming. Nein.

Paulmann. Also acht —

Flemming. Nicht einen Pfennig!

Paulmann. Fünf — drei? Aber doch wenigstens zwei Percent! Das ist doch die höchste Coulanz!

Flemming. Nicht einen Pfennig!

Paulmann [entsetzt]. Julius, mir graut vor Dir! [Jammernd.] Liebster Julius — weißt Du, wie viel Meter Gas= oder Wasserleitungsrohre wir verkaufen müssen, bis Du diesen Betrag ins Verdienen gebracht hast?

Flemming. Du handelst einfach nach meinen Instructionen und damit Punktum.

Paulmann. Schrecklich, schrecklich! Aber bedenk' doch anderseits, daß ich da mit einer Menge junger und hübscher Frauen= zimmer in Berührung komme.

Flemming. Wär's Dir lieber, wenn sie alt und häßlich wären?

Paulmann. Nein — aber ich bin Ehemann!

Flemming. Ich verlange ja nicht, daß Du eine heiratest. Uebrigens wird es Dir gar nicht schaden, wenn Du, der Du zeitlebens fast immer nur mit Geschäftsleuten und Arbeitern zu thun gehabt hast, einmal einen Blick in eine Dir unbekannte und glaube mir, ganz amüsante Welt wirfst.

Paulmann. Julius — ich bin Ehemann! [Plötzlich den Ton wechselnd.] Du, sag' mal — sie muß wohl recht amüsant sein, diese Welt?

Flemming. Amüfant ift fie fchon. Aber Du bift Ehemann!

Paulmann. Natürlich, natürlich! Aber, Julius, Julius — wenn
ich am Ende ſchwach würde! Wie könnteſt Du das verant=
worten?

Flemming. Gibt's nicht! Auf Deine Feſtigkeit kann man ſich
verlaſſen!

Paulmann. Wirklich? Nun ja! Alſo Du meinſt, ich kann mich
da beruhigt hineinſtürzen in —

Flemming. Aber ganz beruhigt! Erinnere Dich immer nur, daß
Du mir damit einen wirklich großen Freundſchaftsdienſt
erweiſeſt! Alſo ſchlag' ein. Ich hab' alſo Dein Wort?

Paulmann [nach einigem Zögern einſchlagend]. Da es denn ſo amü=
ſant — [Sich raſch verbeſſernd.] Da es denn ſein muß! Wenn
meine Frau — wenn Tante Bendemann aber eine Ahnung
von der Sache hätten!

Flemming. Wie ſollten ſie — da ſie doch ſo viele Meilen ent=
fernt ruhig zu Hauſe ſitzen. Alſo abgemacht! Ich fertige ſofort
einige Ein=, nein, Vorladungen aus. Und morgen Früh
beginnſt Du Deine Thätigkeit als Liquidator!

13 Scene.

Vorige. Wüncke.

Wüncke. Herr Flemming — Frau Lolo Dornwarth.

Flemming. Gleich — einen Augenblick! [Wüncke ab.]

Paulmann. Iſt das eine Penſionärin?

Flemming. Sozuſagen! Du — das iſt mein ſchwierigſter Fall!
Ein ſehr, ein außerordentlich begabtes Frauenzimmer. Äußerſt
— ja beinahe unheimlich muſikaliſch. Singt! Nimmt mit
Leichtigkeit das hohe C. Wenn ſie diſponirt iſt, ſogar das D!
Weißt Du, was das heißt?

Paulmann. Das iſt mir zu hoch.

Flemming. Es iſt auch ſehr hoch. Überhaupt — ein ſehr inter=
eſſantes Geſchöpf! Leider aber in einer Weiſe exaltirt — ich
ſage Dir — exaltirt! Na, davon haſt Du auch keine Ahnung!
Sie iſt Witwe.

Paulmann. Noch eine Witwe? Du zahlſt alſo auch Witwen=
penſionen?

Flemming. Bald nachdem ich ſie kennen lernte, fing ſie an zu
ſchwärmen. Ich ſage Dir, ſie ſchwärmte —!

Paulmann. Wofür schwärmte sie denn?

Flemming [ärgerlich]. Wofür! Für mich!

Paulmann [erstaunt]. Für D i ch?

Flemming. Wundere Dich doch nicht gar so. Sie schwärmt auch heute noch für mich. Und mit einer Beharrlichkeit, daß mir mitunter ganz angst und bange wird! Dazu kommt noch, daß sie mit ihrem Blick eine —, ich möchte beinahe sagen — magische Wirkung auf mich ausübt! Sie hat aber auch Augen! Ich sage Dir, Augen! Mit D e r mußt Du gleich den Anfang machen.

Paulmann Muß ich? Eine Frage vor Allem —!

Flemming. Ich kann sie nicht länger warten lassen. [Die Thür rechts öffnend.] Bitte, gnädige Frau — verzeihen Sie —!

14. Scene.

Flemming. Paulmann. Lolo von rechts.

Lolo. Liebster Julius —!

Flemming [zärtlich]. Guten Morgen, mein Kind! [Da sie ihm die Wange hinhält, plötzlich gemessen.] Was bringen Sie?

Lolo [befremdet]. Aber liebster Julius?

Flemming. Liebe Lolo —! [Küßt sie auf die Wange.]

Lolo. Ich gehe eben zum Gesangsprofessor und werde ihm heute die ganze Partie vorsingen und zugleich vorspielen. Sie kommen natürlich mit? Sonst bin ich nicht in der richtigen Stimmung! Sie wissen doch, Sie gehören zu meiner Kunst, wie zu meinem Leben. [Bemerkt plötzlich Paulmann, entfernt sich von Flemming.] Ein Herr?

Flemming. Ach nein! Mein Freund, mein Associé Paulmann, [Vorstellend.] Frau Lolo Dornwarth. [Lolo bleibt, das Gesicht nach vorne gewendet, rechts hinten stehen.]

Paulmann. [zieht Flemming nach links vor. Ihm zuraunend]. Sie steht auf der Liste?

Flemming. Freilich.

Paulmann [in der Liste suchend]. Lolo, Lolo — Lolo Dornwarth — da! [Zu Flemming.] Ein herrliches Weib! Ach, Julius —!

Flemming. Wie — was — pikant? [Beäugelt Lolo zärtlich. Nach kleiner Pause.] Sie ist zu reizend — nein, heute noch nicht, Benno — morgen!

Paulmann [enttäuscht das Gesicht verziehend]. Erst morgen?

Flemming. Lolo — ich begleite Sie zum Gesangsprofessor!
[Setzt seinen Hut auf, nimmt sie unter dem Arm.]

Lolo. Kommen Sie, Julius! Und dann ins Grüne! [Wendet
sich mit Flemming zum Gehen.]

Paulmann [seinen Hut vom Kleiderständer nehmend, lustig]. Ja, ja,
ins Grüne!

Flemming. W i r! Du nimm Dir eine Cigarre. [Mit Lolo nach
rechts ab, schlägt ihm die Thür vor der Nase zu.]

Paulmann [gekränkt]. Julius — !

[Der Vorhang fällt.]

Zweiter Akt.

Dieselbe Scenerie. Auf dem Tische links vorne das Servirbrett, worauf eine Flasche Cognac und Gläser.

1. Scene.

Paulmann mit **Kelzer** [am Doppelbureau Briefe, Verträge, die Kelzer vorweist, durchsehend.]

Paulmann [sich unbefangend stellend, aber in sichtlicher Erregung. In seiner Haltung und Kleidung — schwarzer Salonrock, schwarze Cravatte — drückt sich eine gewisse Feierlichkeit aus. Seine Uhr hervorziehend, murmelnd]. Bald zehn Uhr.

Kelzer [gleichfalls auf seine Uhr sehend]. Bald.

Paulmann. Noch zehn Minuten.

Kelzer. Acht.

Paulmann. So! [Nach kleiner Pause.] Heiß.

Kelzer. Hm.

Paulmann. Wie?

Kelzer. Hab' nichts gesagt.

Paulmann. Sehr heiß.

Kelzer. Nein.

Paulmann. Ja!

Kelzer. Sie sind erregt.

Paulmann. Vielleicht, weil ich den Lärm der Fabrik gewohnt bin. Und hier ist's so still.

Kelzer. Daß einen die Stille aufregen soll, wäre mir neu.

Paulmann. Und 's ist doch so. Pflegt Personal an Sonntagen nie aufs Comptoir zu kommen?

Kelzer. Nein. Herr Paulmann — nicht die sonntägliche Stille ist's, was Sie aufregt —

Paulmann. Was denn?

Kelzer. Weiß Alles.

Paulmann. Wieso?

Kelzer. Sie erwarten heute verschiedene Besuche. Und Sie ge= denken da sozusagen als Liquidator zu fungiren.

Paulmann. Das wissen Sie? Und Flemming bat mich, nur ja keine Silbe darüber zu reden.

Kelzer. Er selber hat mich gestern in den ganzen Plan ein= geweiht.

Paulmann. So, so!

Kelzer. Herr Paulmann — Sie wissen, wie ich mich verwachsen fühle mit der Firma H. Bendemann und Compagnie.

Paulmann [herzlich]. Ob ich das weiß —!

Kelzer [zu dem Portrait aufblickend]. Dem Gedächtnis Hermann Bendemann's zu Ehren, des Gründers dieser Firma. Ich sage Ihnen, wenn er könnte — er hätte sich längst umgedreht. Und wenn Frau Bendemann eine Ahnung davon hätte! Herr Paulmann, 's ist höchste Zeit, daß hier Ordnung gemacht wird. Der Boden, auf dem Ihr Associé wandelt, ist ein Sumpf.

Paulmann. Ein — ein — S—umpf?

Kelzer. Nehmen Sie sich in Acht, daß Sie nicht darin versinken.

Paulmann. Sie erschrecken mich! Und ich bin verheiratet!

Kelzer. Das ist's ja eben.

2. Scene.

Vorige. Wüncke.

Wüncke [sonntäglich gekleidet]. Guten Morgen.

Paulmann. Guten Morgen, Wüncke. Ist eine Dame da?

Wüncke. Nein, aber der Glumpe ist da.

Kelzer. Ich gehe also.

Paulmann [die Liste hervorziehend, lesend]. Glumpe, Glumpe, Glumpe. Ja Der? Und jetzt schon? Der ist doch für elf bestellt. [zu Kelzer.] Kennen Sie diesen Glumpe?

Kelzer. Ob ich den kenne! Mit dem werden Sie ein hartes Stück Arbeit haben.

Paulmann [in die Liste blickend, mit Kelzer nach rechts vor den Schreib= tisch tretend, zögernd]. Da ist von einem kleinen Mädchen die Rede. Das ist — ist — eine — Verwandte meines Associés? [Wüncke tritt behutsam — Mitte der Bühne — von hinten vor, bleibt neugierig lauschend in einiger Entfernung stehen.]

Kelzer. Dieser Glumpe — [Kelzer und Paulmann blicken sich um.

[Wüncke kehrt ihnen den Rücken, zieht sich ein paar Schritte nach hinten zurück.] Dieser Glumpe hat die Mutter jenes Mädchens später geheiratet und beutet seit Jahren die Gutmüthigkeit des Herrn Flemmig tüchtig aus. Ich hab's dem Chef schon so oft gesagt. Aber da predigt man ja tauben Ohren. Herr Paulmann, stramm — sonst werden Sie mit d e m nie fertig.
[Ab durch die Mittelthüre.]

Paulmann. Wüncke, lassen Sie den Herrn eintreten.

Wüncke [Paulmann messend]. D e r ist ein H e r r?

Paulmann. Ich hab' ihn ja noch nie gesehen.

Wüncke. Dann sind Sie entschuldigt.

Paulmann. Wie? [Wüncke würdevoll ab.]

3. Scene.

Paulmann, Glumpe mit altem Cylinderhut, abgebrauchten braunen Handschuhen, **Grete,** ein sechsjähriges Mädchen, an der Hand hereinführend.

Glumpe [mit einer tiefen Verbeugung — er hält dabei die Hand Grethe's fest]. Mein Name ist Glumpe. Ich bin herbestellt. Stelle zugleich — wenn Sie ergebenst belieben — meine Tochter vor. Sag', wie Du heißest, Kind.

Grete. Grete Glumpe.

Glumpe. Sag' wie alt Du bist, Kind.

Grete. Sechs Jahre, drei Monate und fünf Tage. [Tritt an den Tisch links vor, tändelt mit der Cognacflasche.]

Glumpe. Intelligent, nicht wahr? Und kolossal groß für ihr Alter. Und gesund! Und der Appetit! Aber auch welche Pflege! Grete — verschütte mir nicht den Cognac. [Grete hört auf damit zu spielen.]

Paulmann. Sie kommen früh, Herr Glumpe.

Glumpe [nach kleiner Pause]. Herr, ich habe mich I h n e n vorgestellt. Ich gehöre allerdings nicht zu den oberen Zehntausend.

Paulmann. Nein.

Glumpe. Trotzdem aber, Herr — hundert Millionen! Wenn man sie mir anvertraute! — [Aufgebracht.] Herr — nicht einen Heller!

Paulmann. Ich bin davon überzeugt.

Glumpe. Diese Erklärung genügt mir. [Schnuppert, wirft während des folgenden Gesprächs fortwährend Blicke auf den Cognac.] Ich muß aber freundlichst darauf bestehen — obzwar ich nicht zu den oberen Zehntausend gehöre — daß nun auch S i e sich m i r vorzustellen sich beehren.

Paulmann. Ich — ich heiße Paulmann und bin Associé des Herrn Flemming. Ich dachte, daß Sie das wissen.

Glumpe. Stimmt. Aber Höflichkeit gegen Höflichkeit. [Drohend.] Wer mir zu nahe tritt, hat die Folgen zu tragen.

Paulmann. Bin überzeugt.

Glumpe. So und jetzt setz' Dich, Grete. Herr Paulmann, nehmen Sie ergebenst Platz

Paulmann. Danke. Bitte! [Setzt sich auf den Schreibsessel links vom Schreibtisch.]

Glumpe. Après vous. [Setzt sich links auf den Stuhl am Tisch.]

Paulmann. Könnte die Kleine nicht etwa dort in der Ecke Platz nehmen?

Glumpe. Warum nicht. [Grete setzt sich auf seinen Wink hinten rechts auf einen Stuhl, blättert dort in den Büchern, ꝛc.]

Paulmann. Herr Glumpe, ich bin kein Freund von vielen Worten Mein Associé —

Glumpe. Der seit Jahren in den angenehmsten Beziehungen zu mir steht —

Paulmann. Das —!

Glumpe [einfallend]. Stumm wie ein Fisch!

Paulmann [ungeduldig]. Also mein Associé hat mich mit der Ordnung aller seiner — seiner Privatverhältnisse betraut. Ich bin nun beauftragt, bezüglich der Erziehung seiner — I h r e r Tochter Definitives mit Ihnen zu vereinbaren.

Glumpe [aufstehend]. Verzeihung, Herr, ich bin ein uneigennütziger Mann. Und darum wünsche ich keine Aenderung in meinen bisherigen Bezügen — Beziehungen zu Herrn Flemming. Die Kleine wächst, muß wachsen! Und auch die Bedürfnisse wachsen. I h r e — nicht etwa m e i n e. Ich, du lieber Himmel — ich habe überhaupt soviel wie keine! Brot und Wasser!

Paulmann. Immer nur Wasser?

Glumpe. Nur dann und wann muß ich — strenge Anordnung des Arztes [Nach dem Cognac schielend.] etwas Cognac nehmen. Mitunter befällt mich eine gewisse Schwäche.

Paulmann. Eine Schwäche für Cognac.

Glumpe. Zum Beispiel, jetzt! Dürfte ich Sie um einen Tropfen bitten?

Paulmann. Bitte!

Glumpe. Bin so frei. [Blickt auf dem Tische suchend umher, nimmt endlich eines der kleinen Gläser zur Hand, wendet es hin und her. Sauer lächelnd.] **Niedlich**! Zu niedlich! [Gießt das Glas voll, leert es, drückt mimisch seine Anerkennung aus, langt nochmals nach der Flasche.]

Paulmann [auf den Stuhl deutend, energisch]. Bitte!

Glumpe [grinsend, mit abwehrender Geberde]. Die Vignette — die **Firma**! [Liest die Vignette, nickt bedeutungsvoll, setzt die Flasche wieder an ihren Platz zurück, setzt sich wieder.] Ja, was die Kleine betrifft, so ist es unglaublich, wie sie Dank der großartigen Pflege wächst. Grete, komm' her! [Zieht ein Metermaß hervor, kniet vor ihr nieder, mißt sie] Denken Sie, 121 einhalb Centimeter! Bitte, überzeugen Sie sich mit eigenen Augen! Seit ihrem fünften Geburtstag acht Centimeter plus! Sie wächst einem sozusagen unter den Händen. Auch der Appetit. Jeden Augenblick heißt's neue Kleider anschaffen. Die alten werden mit jedem Tage kürzer. Sozusagen. Dasselbe gilt von den Schuhen! Und dabei soll ich mich auf ein Fixum einlassen?

Paulmann. Herr Glumpe — die Abmachung muß zu Stande kommen. Und Grundbedingung, daß Sie in Zukunft auf jeden Verkehr mit meinem Associé verzichten.

Glumpe. Das thut mir weh!

Paulmann. Sie wissen, daß Herr Flemming zu gar nichts verpflichtet ist. Sie wissen das sehr genau, Herr Lumpe.

Glumpe. Glumpe, bitte! G—lumpe!

Paulmann. Das „G" ist Ihnen wohl wichtig?

Glumpe. Also was für eine jährliche Summe denkt sich denn Herr Flemming?

Paulmann. Auf diesem Blatte finden Sie alle Bedingungen notirt. [Reicht ihm ein Blatt.]

Glumpe [liest]. Hm — ein Antrag, über den sich reden läßt. Aber ich werde mir die Sache wohl noch überlegen. Ja? [Beiseite.] Hier muß was vorgefallen sein. [Laut.] Vorläufig wäre ich geneigt, einen kleinen Vorschuß zu nehmen.

Paulmann [abweisend]. Bedaure!

Glumpe [mit feierlicher Handbewegung]. Bitte! Komm', mein Augapfel! Jetzt Grete, sprich dem guten Onkel Paulmann Deinen Glückwunsch zu seinem Geburtstag vor.

Paulmann. Es ist ja gar nicht mein Geburtstag.

Glumpe. Kränken Sie die Kleine nicht. Sie ist gewohnt, immer, wenn Sie hierher kommt, zum Geburtstag zu gratuliren.

Grete. Sieh, Onkel, welch' ein heiteres Licht
Nun plötzlich aus den Wolken bricht.
Da man zum ersten Mal Dich sah —
Der schöne Tag ist wieder da!
O, möchte Glück, Gesundheit, Frieden
Dir lebenslänglich sein beschieden.
Und schließest Du den Lebenslauf,
Nehm' Dich der Himmel gütig auf.

Glumpe [der die Declamation verklärt lächelnd, Paulmann zunickend, mit Gesten begleitet hat]. Süß, nicht wahr? Die Dichtung ist — theilweise — von mir. Schlicht, aber vom Herzen. Ich bin ja kein Dichter.

Paulmann. Nein!

Glumpe. Grete, pass' auf — der gute Onkel gibt Dir jetzt etwas für Deine Sparbüchse.

Paulmann [wendet sich verdrießlich ab, nimmt eine Münze aus seiner Börse]. Da, mein Kind! Nun aber —! [Zieht sein Notizbuch heraus, notirt die Ausgabe darin.]

Glumpe. Sag: schönen Dank, Onkel!

Grete. Schönen Dank, Onkel.

Glumpe [nimmt ihr die Münze aus der Hand, besieht sie, steckt sie in seine Westentasche]. So und jetzt mach' einen schönen Knix!

Paulmann [ungeduldig und nach der Thür rechts zeigend]. Jetzt aber — ich habe zu thun!

Glumpe. Nur einen Augenblick! Ich fühle schon wieder so eine Schwäche . . . Dürfte ich noch um einen Tropfen bitten.

Paulmann [ihm liebenswürdig ins Gesicht lächelnd, aber ganz entschieden]. Nein!

Glumpe [schmerzlich]. Sie haben kein Herz, Herr! Sie haben kein Herz!

Paulmann. Ein Glas Wasser können Sie haben!

Glumpe [entrüstet]. Danke! Herr Paulmann, es war mir eine Ehre! [Verbeugt sich, faßt Grete an der Hand, verneigt sich. Voll Grandezza mit ihr ab.]

Paulmann. Ganz meinerseits! D e r ist raffinirt!

4. Scene.

Paulmann. Gleich darauf **Flemming** von links. Dann **Babette.**
Später **Wüncke,** sonntäglich gekleidet.

Flemming. Guten Morgen, Benno.

Paulmann. Jetzt kriechst Du erst aus den Federn? Ich begreife
Dich nicht. Eben war dieser Glumpe da.

Flemming. So früh? Nun und wie verhielt sich der Wackere?

Paulmann. Als ich kategorisch anfing — ziemlich mürbe.

Flemming. Bravo! Zum Kukuk, wo bleibt denn mein Thee!
Ah, da ist er schon. Nur rasch, damit ich fortkomme! [Setzt
sich links vorne auf das Sopha.]
[Babette mit einem Theebrett, worauf Thee 2c. Sie setzt Alles auf
den Tisch links vorne. Ad libitum nach links hinten ab.]

Paulmann. Sehr appetitlich. [Setzt sich Flemming zur Linken auf
den Stuhl.]

Flemming. Der Thee oder die Babette?

Paulmann. Der Thee! [Zieht wiederholt seine Uhr hervor.]

Wüncke [mit Briefen von rechts]. Guten Morgen, Herr Flemming!
[Ueberreicht mehrere Briefe Flemming und zwei Paulmann.] Zwei,
Herr Paulmann, für Sie. [Paulmann öffnet die Briefe, liest.]

Flemming [frühstückend]. Wüncke, wie sehen Sie denn aus?

Wüncke [entrüstet]. Der Sonntag ist für mich Ferialtag.

Flemming. Gewesen! Sie vertreten nun mal den kranken Bureau=
diener. Haben Sie noch die Instructionen für heute Vormittag
im Gedächtniß?

Paulmann [vom Lesen aufblickend]. Ich habe ihm bereits Alles
wiederholt eingeschärft. Nicht wahr, lieber Wüncke, Sie führen,
wenn Jemand bei mir im Zimmer ist, jede Dame, die er=
scheint, vom Vorzimmer aus direkt in eines der Bureaux,
so daß also Niemand hier durchkommt.

Wüncke [nickt]. Und Herr Flemming gilt als nicht zu Hause.

Flemming. Bravo! Wüncke, Sie sind eigentlich ein Genie.

Wüncke [auffahrend]. Herr Flemming, diesen Hohn lass' ich mir
nicht gefallen!

Flemming. Da haben Sie eine feine Cigarre.

Paulmann. Da haben Sie noch eine. [Zieht aus seinem Rockschoße
ein papierenes Säckchen hervor, reicht ihm daraus eine Cigarre.]

Wüncke [der die erste Cigarre mit Wohlgefallen, die zweite geringschätzig,
aber mit gönnerhaft freundlichem Nicken entgegengenommen hat]. Danke!

Danke! Dennoch, aber Herr Flemming, muß ich als unbe=
scholtener Familienvater —

Flemming. Adieu!

Wüncke. Herr Flemm —!

Flemming. Adieu!

Wüncke [im Abgehen brummend]. Ein Negersclave!

Flemming [zu Paulmann, der wieder liest]. Von Deiner Frau?

Paulmann. Ja. Und von der Tante.

Flemming. Laß' mich mal sehen.

Paulmann. Wenn's Dir Vergnügen macht. —! Du, Julius, da
lies mal! [Mit dem Finger zeigend.] „Ich weiß allerdings, daß
mein Neffe Julius ein überaus sparsamer Mensch ist. —"
[Ihn auf die Schulter schlagend.] Julius, wenn sie eine Ahnung
hätte, daß Du solche Summen zum Fenster hinausgeworfen
hast! Du — augenblicklich kündigt sie den Vertrag und zieht
ihre Kapitalseinlage zurück!

Flemming. Sei so gut und male den Teufel nicht an die Wand!
Nun und was schreibt denn Deine Frau?

Paulmann [ihm den Brief reichend, verdrießlich]. Hm —! Lies selbst!

Flemming [nachdem er eine Weile gelesen]. Höre, Benno, verdammt
kühl schreibt sie Dir.

Paulmann. So ist sie auch im mündlichen Verkehr. Weißt Du,
das hat sich so gemacht. Schon da wir noch Brautleute
waren — nie einen Augenblick allein. Immer die Tante dabei!

Flemming [lachend]. Aber sag': Jetzt seid Ihr doch oft allein?

Paulmann. O ja. Jedes für sich. „Kinder" predigt sie in einem=
fort, „nur immer ruhig! Nur ja nicht leidenschaftlich". Glaube
mir: selbst wenn ich mit meiner Frau allein bin — sind
wir eigentlich nicht allein. Die Tante schwebt gewissermaßen
über uns. Das ist kein angenehmer Zustand! [Flemming schüttelt
ihm stumm die Hand]. Ich danke Dir.

Wüncke [meldend]. Frau Lolo Dornwarth.

Paulmann. Lolo Dornwarth? Ah, natürlich! Das — die —
das — ist ja die — die interessante Dame, die gestern da=
gewesen. [Zieht die Liste hervor.]

Flemming. Dieselbe. Also, ich mache Platz.

Paulmann [ihn an den Schößen festhaltend]. Julius — noch einen
Augenblick! 's ist eine so schwierige Sache!

Flemming. Schäme Dich! Du bist ja so genau instruirt. Und
ich verlasse mich ganz auf Deine Zähigkeit und Energie.

Paulmann [rafft sich zusammen]. Ja, das kannst Du! [Mit erkünstelter Festigkeit.] Wüncke — [Wünke hat eine Bürste hervorgezogen, bürstet sich die Stiefel, hört ihn nicht. Streng.] Wüncke — wenn Sie Ihre Stiefel bürsten wollen, so thun Sie 's draußen.

Wüncke [gekränkt]. Herr Paulmann —

Paulmann. Draußen! Lassen die Dame eintreten. Halt! Sie wissen, ich erwarte noch mehrere andere Damen. Nochmals — Sie führen Jede für sich allein in eines der Bureaux. Und ohne sie mir anzumelden. Verstanden?

Wüncke [gekränkt.] Ja wohl. [Will gehen.]

Paulmann. Wüncke, noch nicht! [Aengstlich.] Du Julius — Frau — Lolo— [Auf die Liste deutend.] Das — das ist doch d i e s e da?

Flemming. Du kennst Sie ja. Ich glaube gar, Du hast plötzlich Kanonenfieber bekommen.

Paulmann. Lächerlich! Ich bin gelassen wie ein -- ein —! Wüncke, gehen Sie! [Wüncke rechts ab.]

Flemming. Also vogue la galère! [Nach links hinten ab.]

Paulmann [eilt nach links an das Tischchen vor, stürzt ein Glas Wasser hinunter, wischt sich den Schweiß von der Stirn, horcht nach rechts, zieht sich rasch gegen die Mittelthür zurück. Athemlos]. Sie kommt! [Horcht, macht plötzlich einen Ruck, stürzt rasch durch die Mittelthür ab.]

5. Scene.

Wüncke, Lolo rechts eintreten lassend, dann **Paulmann.**

Wüncke. Darf ich bitten. Ah, Herr Paulmann — nicht anwesend? Wird jedenfalls sogleich da sein. [Den neben dem Tische links vorne — Mitte der Bühne — stehenden Stuhl zurechtrückend.] Vielleicht einstweilen gefällig —?

Lolo. Danke, lieber Mann! · [Setzt sich auf den Stuhl, stützt den Kopf in die Hand, blickt träumerisch vor sich hin.]

Wüncke [geschmeichelt]. Bitte. [Tritt an den Tisch, macht sich mit dem Theebrett zu schaffen, schielt dabei nach Lolo.]

Paulmann [durch die Mitte sehr beklommen]. Ah, gnädige Frau! [Zornig.] Wüncke — was machen Sie da?

Wüncke [das Theebrett aufhebend]. Abräumen will ich.

Paulmann. Ruhe! [Wünke mit dem Theebrett brummend nach links in das Eßzimmer ab. Aeußerst verlegen.] Meine Gnädige, verzeihen Sie! Mein Name ist Paulmann.

Lolo. Ich habe schon gestern das Vergnügen gehabt.

Paulmann. Sie erinnern sich noch? Sehr schmeichelhaft. Associé des Herrn Flemming.

Colo. Auch daran erinnere ich mich noch. Wo ist Herr Flemming?

Paulmann [überhörend]. Zu schmeichelhaft! Aber wollen Sie sich nicht setzen? Hier oder dort! Wie's beliebt! [Setzt einen der Lehnsessel von rechts hinten in die Mitte der Bühne neben Colo vor, rückt den Schreibsessel vom Pulte daneben hin.] Bitte, doch Platz zu nehmen!

Colo. Danke, ich sitze schon.

Paulmann. Aber ich bitte, setzen Sie sich doch.

Colo. Ich sitze ja wirklich schon. Ich erhielt einen Brief von Herrn Flemming, worin er mich ersuchte, hierher zu kommen.

Paulmann. Allerdings. Pardon — jawohl, Sie sitzen wirklich schon. Ich — ich — ich wollte nur sagen — mit Ihrer gütigen Erlaubniß —! [Setzt sich auf den Schreibsessel, so daß der Lehn= sessel zwischen ihm und Colo steht.] Ja, ja — so ist das Leben!

Colo. Wie meinen Sie?

Paulmann. Also meine gnädige Frau — ich — ich möchte —! mir erlauben, wenn Sie erlauben — möglichst rasch — Ich — ich — bin von Flemming, meinem Associé und Freunde, oder Freunde und Associé — das ist übrigens ganz egal, nicht wahr? Mit einem Worte, mein Freund, mein Associé Flemming hat mich mit einer Mission betraut, die sehr delicat ist. Außerordentlich delicat. So delicat, daß es etwas Delicateres gar nicht geben kann. Delicat nämlich im Sinne des — des Delicaten! Sie verstehen mich wohl?

Colo. Nein!

Paulmann. Eh — eh —! [Sucht krampfhaft nach Worten. Endlich herausplatzend.] Mit einem Wort: Heraus! Entschuldigen Sie! Kurz: [Verlegen lachend.] er will — er wünscht — [Mit feierlichem Ernst.] er muß! Verstehen Sie: seine Verhältnisse — werde ich sammt und sonders übernehmen.

Colo. Wie?

Paulmann. Was thut man nicht für einen Freund! Das — das heißt natürlich, die Ordnung seiner Verhältnisse werde ich übernehmen! Verstehen Sie mich um Gotteswillen nicht falsch! Das — das Arrangement! Jawohl — Arrangement ist das richtige Wort. Arrangement! Sie sprechen doch französisch?

Colo. Was man so für's Haus braucht.

Paulmann. So ist das Leben.

Lolo. Herr Paulmann — jetzt verstehe ich Sie erst recht nicht!

Paulmann [aufathmend]. Na also, das freut mich! Oder eigentlich nicht! Mit einem Worte: Freund Flemming zieht sich zurück. Schwierig ist meine Mission, kolossal schwierig! Sie hören mir doch zu, gnädige Frau?

Lolo. O, mit der größten Aufmerksamkeit.

Paulmann. Ja? Das freut mich. Freut mich außerordentlich. [Zieht ein Päckchen beschriebener Blätter hervor, befeuchtet den Finger, blättert eifrig darin.] Da! Also — also Freund Flemming hat — hat — wie soll ich sagen — gegenüber gewissen Personen Verpflichtungen übernommen. Nicht etwa bloß Damen gegen= über, Gott bewahre! Er ließ auch so manchen talentvollen jungen Mann zur Sängerin ausbilden — Pardon, so manche Sängerin zum jungen Mann. Umgekehrt — Sie verstehen mich wohl! Dieses Ausbilden hat ihm bisher immer große Summen — ah große Freude bereitet. Nunmehr will er aber doch damit —

Lolo. Ein Ende machen?

Paulmann. Ja, meine Gnädige.

Lolo. Jetzt verstehe ich Sie. Aber mein werther Herr, Sie befinden sich in einem gigantischen Irrthum, wenn Sie glauben, daß dieser Entschluß auch mich angeht. Meine Beziehungen zu Julius Flemming sind durchaus idealer Natur. Nichts Ma= terielles verbindet uns miteinander. Unsere Seelen ziehen einander an. Wissen Sie, was ein Abgott ist? Ja?

Paulmann [nickt]. O ja!

Lolo. Nun, Ihr Herr Associé ist der meine! [An's Herz klopfend.] Hier lebt Julius!

Paulmann [verblüfft]. So? [Beiseite.] Das ist ja s e h r hübsch!

Lolo. Wissen Sie, was für eine Zauberin uns zusammengeführt hat? Die göttliche Musik.

Paulmann. Ja, ja, er interessirte sich immer für Musik.

Lolo [aufstehend]. Interessirte? Was für ein kaltes Wort! Wie ich — lebt er, s t i r b t er für die Musik. Ach, was hat der Mann für eine Stimme!

Paulmann. Julius singt?

Lolo Und wie! [Die Kniee beugend.] Niederknieen muß man und dann erst soll man seinem Gesange lauschen.

Paulmann. Es ist wohl nicht möglich! Irren Sie sich da nicht?

Lolo. Und welche Seele! Einzig! Ach, werther Herr, was für ein Mann ist Ihr Associé!

Paulmann [verzweifelt]. Ja, was soll denn nun werden?

Lolo. Empor! Zu den Sternen! Die Schlacken abschütteln. Sich gegenseitig erheben, vervollkommnen. Das ist ja der Zweck des Erdenkindes. Dazu sind wir ja verpflichtet. Sie auch, werther Herr!

Paulmann. Ich? Na erlauben Sie!

Lolo. Sie haben es ja leicht. Sie sind ein M a n n. Aber ich — ich bin leider ein Weib. Ich sage leider, denn nicht allein die zahllosen Fesseln der Sitte, der Tradition sind's, die uns binden. Darüber kann man sich ja hinaussetzen. Gewiß. Man thut's auch. Aber — ach, wie Recht hat doch der Culturhistoriker Riehl — dem Weibe fehlt Manches, was der Mann besitzt. Und das eben ist's, was wir brauchen — brauchen um die steile Höhe zur Vollkommenheit zu er- klimmen. Die starke Hand, der starke Geist des Mannes muß uns leiten, uns den Weg zeigen. Und dieser starke Mann, dieser Führer ist für mich Julius, den ein glücklicher Stern mir zugeführt hat und der mein bleiben wird für immer!

Paulmann. Sie sagten, der mein bleiben wird für immer? Du lieber Gott — sehen Sie, gerade das Gegentheil bezweckt mein Associé.

Lolo [setzt sich wieder]. Aber, mein werther Herr, was reden Sie da? Sie haben ihn mißverstanden. Nun ja freilich, Sie sind zu klein, zu nüchtern, um ihn ganz zu verstehen. Sie waren wohl nie so glücklich wie Julius, eine Seele, die Sie ergänzt hätte, zu finden?

Paulmann [verläßt den Schreibsessel, setzt sich auf den neben Lolo ste- henden Lehnsessel]. Bitte sehr — ich bin verheiratet! [Deutet auf seinen Ehering.]

Lolo Verheiratet? Ach, wie ich Sie beklage! S e h r verheiratet?

Paulmann. Ich weiß nicht recht, was Sie damit — doch ja, ich kann wohl sagen: s e h r. Meine Frau besitzt nämlich eine Tante.

Lolo. Ah, jetzt bin ich im Klaren. Sie sind also einer jener zahl- losen Unglücklichen, denen in der prosaischen Tretmühle der Ehe der letzte Rest idealen Schwunges abhanden gekommen ist. Denn sonst, werther Herr, müßte es Ihnen ja nach dem von mir Gehörten klar geworden sein, daß ein Bund zweier Seelen, wie jene meines Julius und die meine, überhaupt bis über's Grab hinaus dauern muß. Ihre Hand, werther Herr, ich beklage Sie aus tiefstem Herzen! [Faßt seine Hand.]

6. Scene.

Vorige. Frau Bendemann mit **Trudchen** in Reisekleidern von rechts, treten überrascht gegen die Mittelthür vor. **Wüncke** gleichfalls von rechts; er geht sofort nach links hinten ab, um **Flemming** zu holen.

Paulmann [hat den Kopf nach rechts gewendet, wirft sich von dem Lehnsessel auf den Schreibsessel zurück. (Erschrocken]. Himmlischer Vater — die Tante! [Sich wieder auf den Lehnsessel zurück setzend. Lolo zuflüsternd.] Die Tante! J e n e Tante! Ich beschwöre Sie, helfen Sie mir!

Lolo [leise]. Womit denn?

Paulmann [auffpringend, sehr laut]. Pünktlich, meine Gnädige, gewiß. Die Hälfte der bestellten Gasrohre liefern wir zuver= sichtlich schon am Fünfzehnten. [Fortwährend verstohlen und fieberhaft nach der Thür deutend, flüsternd.] H'raus! H'raus! H'raus!

Lolo [steht auf. Beiseite]. Ach so! [Laut.] Schön. Ich rechne darauf. [Beiseite.] Beklagenswerther! [Laut.] Also — am Fünfzehnten. [Grüßt.]

Paulmann [Lolo nach der Thür rechts begleitend, als wenn er die Ge= kommenen nicht bemerkt hätte]. Empfehle mich bestens. [Lolo nach rechts ab.]

7. Scene.

Paulmann, Frau Bendemann, Trudchen.

Paulmann [sich an der Thüre umwendend]. Was seh' ich!

Fr. Bendemann [hübsche Frau von 28—30 Jahren, elegant, aber mit ein wenig puritanischem und provinzialischem Anstrich gekleidet]. Benno, wer ist diese Dame?

Paulmann. Diese Dame? Ein Geschäftsfreund!

Fr. Bendemann. Ein Geschäftsfreund?

Paulmann. Aber welche Ueberraschung! Trudchen, wie ich mich freue! [Eilt auf Trudchen zu, küßt sie.]

Fr. Bendemann [beide durch die Lorgnette beobachtend]. Benno, nicht so leidenschaftlich!

Paulmann. Aber Tante, ausnahmsweise!

Fr. Bendemann. So stürmisch drückt man nicht seine Freude aus. Das thut man nicht. Das thut man nicht! Uebrigens — sag' Du mir mal gefälligst —!

Paulmann. Da kommt Flemming!

8. Scene.

Vorige. Flemming von links hinten mit **Wüncke,** der gleich nach rechts abgeht.

Stellung:

Frau Bendemann.   Trubchen.   Paulmann.   Flemming.

Flemming. Ist es denn möglich? Tante Bendemann? Welche Ueberraschung! [Begrüßung. Geht dann nach rechts.] Ja wieso habt Ihr Euch denn plötzlich zu dieser Reise entschlossen? [Paulmann heimlich einen Stoß gebend, leise.] Was fangen wir nun an?

Fr. Bendemann. Davon später! Schön bin ich überrascht worden. Beim Ankommen finde ich Deinen Associé allein mit einer Dame! [Legt das umgehängte Reisetäschchen ab, legt es auf auf den Tisch links vorne.]

Paulmann. Mit einem Geschäftsfreunde.

Flemming. Ja wohl.

Fr. Bendemann [Flemming fortwährend mit der Lorgnette beäugelnd]. Was Du sagst!

Paulmann. Eigentlich die Frau eines Geschäftsfreundes. Aber sie ist — in Geschäftssachen die rechte Hand ihres Mannes.

Flemming. Und was für eine rechte Hand!

Fr. Bendemann [zu Paulmann streng]. Welche Firma?

Paulmann [sehr verlegen]. O eine gute alte Firma — sehr accreditirt. Du kennst sie genau. [Zu Flemming, mit einem Blick auf Frau Bendemann weisend.] Na? Wie?

Fr. Bendemann [wie oben]. Welche Firma?

Flemming [hastig einfallend]. Aber Tante, wie siehst Du denn aus?

Fr. Bendemann [erschrickt]. Nun, wie denn? [Hebt ihren Mantel auf, besieht ihn und ihr Kleid.]

Flemming. Aber wunderbar siehst Du aus! Du bist noch schöner geworden, seit ich Dich nicht gesehen habe.

Fr. Bendemann. Ach so, wie kann man einen so erschrecken!

Flemming. Aber sag' doch mal, wieso Du Dich so plötzlich zu dieser Reise entschlossen hast? [Trubchen setzt sich auf's Sopha.] [Frau Bendemann zieht ihren Mantel aus, legt ihn auf den Tisch links vorne, setzt sich auf den Stuhl zur Rechten Trubchen's. Flemming setzt sich auf den Stuhl zur Linken Trubchen's. Paulmann setzt den

Schreibsessel aus Pult und setzt sich auf den Lehnsessel zur Linken Flemming's.]

Fr. Bendemann. Daran ist nebst einigen Bedenken, die mir aufgestiegen sind [Beäugelt Paulmann durch die Lorgnette.] eigent=lich ein Traum schuld, den ich gestern nach Tisch gehabt habe. „Trudchen" rief ich, als ich erwachte, „noch heut Abend reisen wir, um Deinen Mann aufzusuchen!" Mir träumte, Benno, Du hättest mich dreimal geküßt.

Paulmann. Allmächtiger! Nun — war Dir das gar so schrecklich?

Fr. Bendemann. Bedeutet eine große Falschheit. Ist über=haupt ein Traum, der eine s e h r üble Vorbedeutung hat.

Paulmann [aufseufzend]. Ach ja!

Flemming. Ja, ja!

Fr. Bendemann [mit einem Rundblick, erbittert]. Na, schön hat sich hier Alles verändert in den acht Jahren, seit ich nicht da gewesen! [Mit einem abermaligen Rundblick durch die Lorgnette.] Dieser Luxus! Dieser Luxus! Auch das Hôtel, wo ich damals abgestiegen, fand ich recht unangenehm verändert. Schon im Vestibule war es mir nicht geheuer. Portier und Kellner kamen mir höchst verdächtig vor.

Paulmann. Wieso?

Fr. Bendemann. Weil sie protzig wie die Millionäre aussahen. Ich verlange also v o r s i c h t i g ein bescheidenes Zimmer in der dritten Etage. „Dritten Etage?" näselt der Kellner und sieht mich so von oben herab an.

Flemming. Natürlich.

Fr. Bendemann. Wieso?

Flemming. Nun vom Gesichtswinkel der dritten Etage aus.

Fr. Bendemann. Der Laffe! „Was kostet dies Zimmer?" frage ich. Wißt Ihr, was es hätte kosten sollen?

Paulmann. Was hätte es denn kosten sollen?

Fr. Bendemann. Drei Mark funfzig.

Flemming. Inclusive Service?

Fr. Bendemann. Freilich! [Paulmann und Flemming werfen sich Blicke zu.]

Fr. Bendemann. Ich sage ja, eine Räuberhöhle! Eine Räuber=höhle!

Flemming. Tante — das wirst Du doch wohl nicht gesagt haben?

Fr. Bendemann. Gewiß. Ich bin nicht gewohnt, mir ein Blatt vor den Mund zu nehmen.

Paulmann [gedehnt]. Nein.

Fr. Bendemann. Nein?

Paulmann. Hätte ich Ja sagen sollen?

Fr. Bendemann. Nein. Da seh' ich eben: hier ist ja a u ch elektrisches Licht. Da wundert's mich nicht mehr, daß die Spesen hier im Hause so riesig anwachsen. [Steht auf, geht im Zimmer umher.] Ueberhaupt — eingerichtet ist dieses Zimmer! Eine Pracht wie in einem Palast.

Flemming [ist auch aufgestanden]. Verstehst Du, Tante, ein gewisser Comfort ist heutzutage unerläßlich.

Fr. Bendemann. Sehr traurig! Kommt mir sehr schwindelhaft vor. [Flemming mit der Lorgnette beäugelnd.] Mir scheint, Du bist überhaupt ein — ein L e b e m a n n geworden.

Flemming. Aber nicht im entferntesten, liebe Tante.

Fr. Bendemann. Will es hoffen! Du weißt, daß mir das Wohl Deiner Braut ganz besonders am Herzen liegt. Wenn ich Dir auf etwas komme, Julius, dann verlierst Du — dafür hafte ich Dir — zugleich Deine Braut und mich: will sagen, meine Kapitalseinlage!

Flemming [sehr beklommen]. Aber Tante, wie kannst Du einen solchen Gedanken nur aussprechen! Also, wenn es Dir an= genehm ist, so geleite ich Euch nach einem guten und doch billigen Hôtel.

Fr. Bendemann. Sehr gern.

Flemming [leise zu Paulmann]. Ich zahle darauf.

Fr. Bendemann. Benno, Du bleibst aber bei Julius einquartiert. Es wäre schade um die Spesen.

Paulmann [mit einem Blick auf Trudchen]. Schade, daß Ihr nicht a u ch hier wohnen könnt.

Flemming [ihm heimlich einen Stoß gebend]. Aber Benno — !

Fr. Bendemann. Benno, Du bringst mich da auf eine Idee. Welche Wohnung bewohnst Du denn jetzt, Julius?

Flemming. Iche — iche — Herr Je — !! Ich muß zu einer Sitzung. Tante, komm' — ich bringe Dich noch rasch nach dem Hôtel. [Eilt an den Schreibtisch, öffnet die Lade, steckt einige Schriften hastig zu sich.]

Fr. Bendemann [zu Paulmann.] Welche Wohnung bewohnt Julius also?

Paulmann. Die seine.

Fr. Bendemann. Natürlich die seine!

Paulmann. Es gibt ja nur e i n e [Nach links deutend] hier in der Beletage.

Klemming [hat Hut und Stock genommen]. Tante, gehen wir.

Fr. Bendemann [außer sich]. W a s? Du bewohnst die ganze Etage?

Klemming. Nun ja —!

Fr. Bendemann. Die ganze Etage? Und Du willst uns im Hôtel einlogiren? [Zu dem Portrait aufblickend.] Gründer dieser Firma, Hermann Bendemann, Schwager, sieh herab. Was sagst Du zu Deinem Nachfolger? Julius, mein lieber Neffe, wir ziehen einfach zu Dir!

Klemming [erschrocken]. Nein!! [Sich erfreut stellend.] Nein, wie ich mich freue! [Grimmig zu Paulmann.] Daran bist D u Schuld!

Fr. Bendemann. Laß' mein Gepäck vom Wagen heraufholen.

Klemming [kleinlaut]. Sofort. [Klingelt.]

Fr. Bendemann. Wo steckt denn nur der gute Herr Kelzer?

Paulmann. Er ist in seinem Bureau. [Wüncke tritt ein.]

Klemming. Wüncke, holen Sie das Gepäck der Tante herauf.

Wüncke. Das Gepäck — ich?

Klemming. Soll i ch es holen?

Wüncke. Bitte, bitte! [Wendet sich zum Gehen.]

Fr. Bendemann. Benno, komm' — ich will Herrn Kelzer auf-suchen.

Paulmann Sogleich! [Wüncke rechts hinten beiseite nehmend.] Es ist doch noch Niemand in den Bureaux?

Wüncke. In jedem Zimmer eine Dame. Im Ganzen also sechs.

Paulmann [entsetzt]. Sechs? Sechs Damen! Herr Gott! [Ihm ins Ohr in größter Verwirrung.] Sofort wegschicken!

Wüncke. Aber das Gepäck?

Paulmann. Wegschicken, sag' ich!

Wüncke. Ich glaubte, die D a m e n —?

Paulmann. Ah, heraufholen!

Wüncke. Die Damen?

Paulmann. Das Gepäck! Mensch!

Wüncke. Weiß schon. Und direkt durch's Vorzimmer?

Paulmann [aufbrausend, ironisch]. Freilich — hier durch's Zimmer! Aber zuerst die Damen!

Wüncke [wüthend, im Abgehen]. Also zuerst die Damen! Man wird ganz konfus! [Ab durch die Mitte.]

Fr. Bendemann [die inzwischen d'e Möbel, Teppiche ꝛc. kopfschüttelnd besehen]. Nun, Benno?

Paulmann. Einen Augenblick. [Leise zu Flemming.] Die Tante
zurückhalten! Sechs Damen in den Bureaux.

Flemming. Gerechter! Tante — willst Du Dir es nicht erst
bequem machen?

Fr. Bendemann. Erst will ich Herrn Kelzer aufsuchen. [Geht auf
die Mittelthür los.]

Paulmann [ihr nacheilend, sie vorführend]. Tante — Tante — ich
muß Dir etwas zeigen! [Sucht verwirrt in seinen Taschen.]

Fr. Bendemann. Was denn?

Paulmann. Sogleich!

Fr. Bendemann. Du bist ja ganz verwirrt! Komm'! [Wendet
sich wieder nach der Mittelthür.]

Flemming [ihr erschrocken den Weg vertretend]. Tante, das Portrait
des seligen Hermann Bendemann will er Dir zeigen. [Zeigt
hinauf.]

Fr. Bendemann. Das Portrait, das ich seit meiner Kindheit
kenne?

Paulmann [hinaufzeigend]. Den — den neuen Rahmen!

Fr. Bendemann. Auch v i e l zu prunkhaft! Na — und nun
führ' mich endlich zu Herrn Kelzer.

Paulmann [ihr abermals den Weg vertretend]. Kelzer — Kelzer —
der ist schon fort. 's ist ja Sonntag.

Fr. Bendemann. Eben sagtest Du doch, er wäre in seinem
Bureau.

Flemming. Aber, Benno! Der ist doch längst über alle Berge!

9. Scene.

Vorige. Kelzer. Gleich darauf **Wüncke**, die Mittelthür öffnend und
sechs Damen nacheinander eintreten lassend.

Kelzer. Frau Bendemann — ich habe die Ehre!

Fr. Bendemann. Da ist er ja! Lieber Herr Kelzer, seien Sie
mir gegrüßt.
[Wüncke öffnet die Mittelthür, deutet nach rechts.]

Eine Dame [tritt ein. Grüßend]. Guten Morgen, Herr —! Ah,
verzeihen Sie —!

Paulmann [entsetzt]. Dieser Wüncke!

Flemming. Herr Gott!

Paulmann [angsterfüllt]. Tante, nimm Platz! [Drängt Frau Bendemann nach links vor, nötigt sie, auf dem Sopha Platz zu nehmen

und setzt sich so neben sie auf den Stuhl, daß sie nicht nach der
Mittelthür blicken kann.]

Fr. Bendemann [den Kopf hinüberneigend]. Wer ist denn die?

Paulmann. Ein Geschäftsfreund!

[Weitere zwei Damen treten auf.]

Slemming [in höchster Verwirrung, Alle nach rechts zur Thür drängend].
Verzeihen Sie, meine Damen! Bitte sich an meinen Associé
zu wenden! [Stürzt zu Paulmann, faßt den Stuhl an der Lehne,
ladet ihn durch einen raschen Ruck gewissermaßen ab, setzt sich selber
darauf. Weitere drei Damen treten auf.]

Fr. Bendemann. Wer sind denn die?

Slemming [aufspringend und sich hinter Frau Bendemann stellend,
hastig gestikulirend]. Da — da — das sind Ge — Ge —
Geschäftsfreunde!

Paulmann [stürzt nach hinten. Alle nach rechts hinauskomplimentirend].
Ja, gewiß, meine Damen, wird geliefert! Verlassen Sie sich
auf uns!

Fr. Bendemann. Was — lauter weibliche Geschäftsfreunde?

Kelzer. O, Du Grundgütiger!

Slemming. Zug der Zeit.

Paulmann. Jetzt bin ich mitten drin im Sumpf.

[Der Vorhang fällt.]

Dritter Akt.

Dieselbe Scenerie.

1. Scene.

Frau Bendemann am Schreibtisch, Platz links, sitzend und Bücher revidirend. **Kelzer** ihr gegenübersitzend.

Kelzer [ist, sobald er Frau Bendemann vor sich hat, freundlich und liebenswürdig]. Nun, Frau Bendemann?

Fr. Bendemann. Ja, die Bücher sind in musterhafter Ordnung. Aber diese Spesen! Sagen Sie, mein Neffe Julius muß sich ja hübsche Ersparnisse gemacht haben? Sind seine Kapitalien gut placirt?

Kelzer [verlegen]. Seine Kapitalien? O sehr gut!

Fr. Bendemann. Sicher?

Kelzer. So zu sagen.

Fr. Bendemann. Consols?

Kelzer. Auch!

Fr. Bendemann. Hoffentlich keine Argentinier oder so was?

Kelzer. Nein.

Fr. Bendemann. Man kann heutzutage nicht vorsichtig genug sein. Lieber nur dreieinhalb Percent, aber sicher — das ist mein Grundsatz.

Kelzer. Sie sind sachkundig. Allen Respekt.

Fr. Bendemann. Liebster Herr Kelzer, wenn man in so jungen Jahren Witwe geworden ist und eine verwaiste Nichte zu erziehen hatte, da lernt man viel! Nun aber will ich einmal ein ernstes Wort mit Ihnen reden.

Kelzer. Bitte, Frau Bendemann!

Fr. Bendemann. Mein lieber Herr Kelzer, zu Ihnen würde ich unbegrenztes Vertrauen haben, wenn ich Sie nicht —

Kelzer. Nun, Frau Bendemann?

Fr. Bendemann. Für außerordentlich diskret hielte. Sie würden um keinen Preis etwas sagen, was einen meiner Neffen in meinen Augen herabsetzen könnte.

Kelzer [verlegen]. Liegt auch kein Anlaß vor.

Fr. Bendemann. Und dennoch ist hier im Hause etwas nicht ganz richtig Ich habe für so etwas ein Gefühl — ein Ge= fühl! Diese vielen weiblichen Geschäftsfreunde gehen mir nicht aus dem Kopf.

Kelzer. Zug der Zeit! Die Frauen bethätigen sich auf allen Gebieten. [Ehrfurchtsvoll.] Und es gibt Frauen, die so geschäfts= kundig sind, daß man allen Respekt vor ihnen haben muß. Allen Respekt!

Fr. Bendemann. Sie Schmeichler! Diese vielen Gänge Benno's! Diese zahllosen Besprechungen! Was hat Benno so viel aus= wärts zu thun?

Kelzer. Er vertritt Herrn Flemming, weil dieser seit gestern etwas leidend ist.

Fr. Bendemann. So! Herr Kelzer, wenn ich auf etwas komme, kündige ich augenblicklich meine Kapitalseinlage! Sehen Sie mir in's Auge, Herr Kelzer!

Kelzer. Thu' ich sehr gern.

Fr. Bendemann. Wirklich?

2 Scene.

Vorige. Trudchen von links hinten.

Trudchen. Tante!

Fr. Bendemann [ungeduldig]. Was gibt's?

Trudchen [gelassen]. Ist Benno n o ch nicht zurück?

Fr Bendemann. Ist Benno noch nicht zurück? Eine Leidenschaft hört man aus diesen Worten heraus, daß einem ganz unheimlich wird. Diese jungen Frauen von heutzutage haben doch nichts als die Männer im Kopf.

Trudchen. Die Männer — ich? Was wird Herr Kelzer sich denken?

Fr. Bendemann. Wie ich Herrn Kelzer kenne, denkt er sich gar nichts.

Trudchen. Seinen eigenen Mann darf man doch wohl im Kopfe haben.

4*

Fr. Bendemann [vom Schreibtisch aufstehend]. Was ist das für eine frivole Betonung?

Trudchen. Frivole?

Fr. Bendemann. Allerdings! Kann eine anständige Frau überhaupt einen anderen Mann im Kopfe haben?

Trudchen [lachend]. Soll vorkommen!

Fr. Bendemann. Trudchen, was für ein Ton! 's ist merkwürdig, wie der Aufenthalt in diesem Babel demoralisirt.

Trudchen. Ich bin darum ungeduldig, weil Benno, so oft er auch ausging, sich nie von mir begleiten ließ. Ich möchte mir doch endlich einmal die Stadt ansehen. Und heute findet das große Wohlthätigkeitsfest statt.

Fr. Bendemann. Das Wohlthätigkeitsfest? Na, das wäre das Richtige! Diese jungen Frauen von heutzutage haben doch nichts im Kopf, als sich zu amüsiren.

Trudchen. Kann man mir diesen Wunsch verdenken, wenn ich endlich einmal aus unserem langweiligen Provinznest hiehergekommen bin!

Fr. Bendemann. Du wirst Dich gedulden, bis ich Zeit habe. Du und Benno allein — na das wäre schön! Ihr würdet Beide ausgeplündert bis aufs Hem — [Sich verbessernd.] bis auf den letzten Pfennig.

Trudchen. Aber Tante, so schlimm ist's doch nicht!

Fr. Bendemann. Was? Diese Großstädter lauern ja auf den Fremden, wie die Spinne auf die Fliegen. Alle. Fast alle! Zumal die Geschäftsleute! Ah — das sind ja Räuber! Buschklepper! Die ganze Stadt ist eine Räuberhöhle! Die Aergsten sind aber diejenigen, die den verrückten Modepuppen Alles, was Kleidung heißt, liefern. Von den Füßen angefangen bis hinauf zum Kopf.

Trudchen. Ja, die, die uns schön anziehen, ziehen uns oft dabei aus.

Fr. Bendemann [streng]. Trudchen, welche Sprache!

Trudchen [ihre Aermel zurecht zupfend]. Scherz bei Seite, Tante diese Toilette ist wirklich nicht theuer.

Fr. Bendemann [die Hände über den Kopf zusammenschlagend]. Das sagt meine leibliche Nichte, die ich erzogen habe! Trotzdem ich sie erzogen habe! Diese jungen Frauen von heutzutage haben doch nichts als den Putz im Kopf.

Trudchen. Tante, Du übertreibst. Ich gehe! Uebrigens weiß ich, was ich thue. Wenn Benno keine Zeit für mich hat, werde ich mit Frida das Wohlthätigkeitsfest besuchen.

Fr. Bendemann. Trudchen, ich bin starr! Hast Du mich über= haupt schon gefragt? Herr Kelzer — würde es sich ohne Herrenbegleitung schicken?

Kelzer. Miß Speakly ist ja da.

Fr. Bendemann. Ja, aber —! Nun meinetwegen. Miß Speakly wird Euch begleiten. Wenn die mitgeht, bin ich ruhig.

Trudchen. Ja? Gott sei Dank! Schwerfällig bist Du, Tante! [Nach links hinten ab.]

3. Scene.
Frau Bendemann. Kelzer.

Fr. Bendemann. Sehr dreist, wie? Kommen Sie, Herr Kelzer, lassen Sie die Bücher sein! Wenn ich einmal mit meiner Tante so gesprochen hätte — ich sage Ihnen, eine Ohrfeige —!

Kelzer [ihr zur Linken stehend]. Wie?

Fr. Bendemann. Eine Ohrfeige würde mir meine Tante gegeben haben. Nebenbei bemerkt, so eine Ohrfeige im rechten Augen= blick erleichtert das Gemüth kolossal! [Setzt sich auf den Stuhl links am Tisch.] Was habe ich für eine strenge Erziehung ge= nossen! Sie erinnern sich doch noch, Herr Kelzer?

Kelzer [hat sich ihr gegenüber auf den Stuhl rechts gesetzt]. Ob ich mich erinnere! Ich kannte Sie ja schon, wie Sie noch so waren. [Zeigt es mit der Hand.]

Fr. Bendemann. Einmal, es war zur Weihnachtszeit, da schnitten Sie mir aus Packpapier einen riesigen Hampelmann aus.

Kelzer. Es war ein Husar.

Fr. Bendemann. Nein, es war ein Hampelmann. Ich kann es Ihnen beweisen. Ich habe ihn noch.

Kelzer. Wirklich? [Blickt wie verklärt zur Seite.]

(Fr. Bendemann. Das wissen Sie aber nicht mehr, wie ich Sie dafür belohnte?

Kelzer. Ob ich es weiß. Sie gaben mir Marzipan.

Fr. Bendemann. Ich steckte Ihnen große Stücke in den Mund.

Kelzer. Dann zählten Sie: Eins, zwei, drei!

Fr. Bendemann. Und bei Drei mußte der Bissen verschluckt sein.

Kelzer. Ja, das war oft kein Spaß.

Fr Bendemann. Na, na, Herr Kelzer — Sie ließen sich das Verschlucken ganz gern gefallen.

Kelzer. Nun ja, ich aß Marzipan recht gern.

Fr. Bendemann. Und ich erst! Ich esse ihn noch immer gern.

Kelzer. Ich auch, Frau Bendemann.)

Fr. Bendemann. Ach Gott, ich war damals noch ein kleines, ruscheliges Ding!

Kelzer. Und lieb und kugelrund. Ich war noch ein junger Bursch. Und Sie saßen auf meinem Schoß — Pardon!

Fr. Bendemann. Nein, Herr Kelzer — da irren Sie sich.

Kelzer. Wenn Sie es wünschen —. Nun, Frau Bendemann — [Zögernd.] erinnern Sie sich aber auch noch an Ihre Mädchenzeit?

Fr. Bendemann [aufstehend]. Herr Kelzer, das war unzart — mich daran zu erinnern.

Kelzer [gleichfalls aufstehend]. Aber, Frau Bendemann — Sie haben ja damals nichts gethan, als meine schüchternen Liebes= betheuerungen angehört.

Fr. Bendemann. Ja, aber ich war schon Braut und darum war auch d a s schon ein Unrecht! [Seufzend.] Nun, Sie wissen ja, meine selige Mutter wollte die Verbindung! Was habe ich seitdem Alles erlebt! Mit so jungen Jahren Witwe geworden. Und dabei eine verwaiste Nichte zu erziehen! Sich, wenn man selber noch so jung ist, da Autorität zu verschaffen, das war keine Kleinigkeit!

Kelzer. Sie haben sich wohl auch darum nicht wieder vermählt?

Fr. Bendemann. Selbstverständlich.

Kelzer. Nun ist aber Trudchen schon seit einem Jahre versorgt. Sie hat ihren Mann.

Fr. Bendemann. Das hat meine Sorgen nur v e r d o p p e l t!

4. Scene.

Vorige. Wüncke. (Gleich darauf **Glumpe** hinter der Scene.

Wüncke. Der Mensch, dieser Glumpe, ist schon wieder da! [Läßt die Thür auf.]

Kelzer [an die Thür eilend]. Später! Ein andermal!
[Frau Bendemann geht ein paar Schritte vor, blickt in die Thür.]

Glumpe [sehr laut hinter der Scene]. Den guten Onkel Paulmann will ich sprechen.

Kelzer. Ein andermal!

Wüncke [im Hinausgeben wiederholend]. Ein andermal! [Ab, schließt die Thür.]

Fr. Bendemann. Herr Kelzer, wer ist dieser Mensch? Was will er? Was hat er mit meinem Neffen Benno zu thun? Wieso nennt er ihn Onkel?

Kelzer. Aber ich bitte Sie, ein armer Teufel ist's. Er erhält dann und wann eine Unterstützung.

5. Scene.

Kelzer, Frau Bendemann, Paulmann, dann Wündke.

[Paulmann öffnet, den Cylinderhut auf dem Kopfe, die Mittelthür, blickt vorsichtig herein, verschwindet rasch wieder.]

Fr. Bendemann [laut rufend]. Benno!

Paulmann [den Kopf hereinsteckend]. Tante? [Tritt zögernd, in sichtlicher Erregung ein.]

Fr. Bendemann. Sah es doch fast aus, als hättest Du bei meinem Anblick die Flucht ergriffen.

Paulmann. Aber liebe Tante, ganz im Gegentheil! [Blickt wiederholt ängstlich nach der Thür rechts.]

Fr. Bendemann. Möchtest Du nicht Deinen Hut abnehmen?

Paulmann. Hut?

Fr. Bendemann. Du bist ganz zerstreut! Du weißt gar nicht, daß Du den Hut auf dem Kopfe hast.

Paulmann [tastet erschrocken an die Krempe]. Aber das ist doch m e i n Hut.

Fr. Bendemann. So nimm ihn endlich ab. Das schickt sich nicht.

Baumann [nimmt den Hut ab, wischt sich den Schweiß von der Stirne]. Entschuldigung! [Wendet sich nach links hinten.]

Fr. Bendemann. Wohin denn schon wieder?

Paulmann. Aber Tante, Du behandelst mich ja, als wenn Du ein Untersuchungsrichter wärst!

Fr Bendemann [ihm mit dem Finger drohend]. Benno! Benno!

Paulmann. Was sagen Sie, lieber Kelzer? Nicht wahr, die Tante ist köstlich! [Will nach links hinten ab.]

Fr. Bendemann. Wohin?

Paulmann. Meinen Associé will ich sprechen. Ich habe ihm etwas Wichtiges zu sagen.

Fr. Bendemann [klingelt]. Das kann h i e r geschehen! Es soll überhaupt keine Geschäftsgeheimnisse vor mir geben. Ich bin stille Gesellschafterin.

Paulmann. Stille?

Fr. Bendemann [gebieterisch]. Still!

Paulmann [auffahrend]. Das ist denn doch —!

Fr. Bendemann [ihn streng anblickend]. Nun — was denn?

Paulmann. Du—Du bist — [Entwaffnet.] eine reizende Frau!

Fr. Bendemann. Keine Schmeichelei! Du weißt, das kann ich nicht ausstehen.

Paulmann. Ich weiß, aber — [Zum eintretenden Wüncke, erschreckt.] Ist Jemand da?

Wüncke [ungehalten]. Es wurde doch geklingelt!

Fr. Bendemann. Ich war so frei, Holen Sie meinen Neffen. [Wüncke links hinten ab.] Eben war ein gewisser Glumpe mit einem Mädchen da. Dieser Mann ist mir höchst verdächtig!

Paulmann. Verdächtig? Wieso?

6. Scene.

Vorige. Wüncke von links hinten, dann **Flemming** durch dieselbe Thür.

Paulmann [Wüncke erblickend, zusammenfahrend]. Was wollen Sie?

Wüncke. Durchgehen!

Paulmann Was?

Wüncke. Ich muß doch hier durchgehen.

Paulmann [ihn anfahrend]. So gehen Sie durch! Aber rasch!

Wüncke. Aber jedesmal! 's ist wirklich zum Durchgehen!

Flemming [eintretend]. Wüncke, schweigen Sie! [Wüncke macht eine zornige Geberde, brummend nach rechts ab.] Du wünschest von mir, liebe Tante? [Hält ein Taschentuch an die Schläfe.]

Fr. Bendemann. Dein Associé will mit Dir reden. Deine Migräne ist noch immer nicht besser?

Flemming. Seit Du hier bist, Tante, fühle ich mich nicht wohl.

Fr. Bendemann. Der Eine hat Migräne, der Andere ist be= ständig echauffirt! [Streng.] Benno! Benno!

Paulmann [sich ermannend, erbittert]. Tante Du, Du —! [Galant.] Nein, man kann Dir nicht böse sein.

Fr. Bendemann. Aber ich Dir! Herr Kelzer!

Kelzer. Frau Bendemann — ?

Fr. Bendemann [argwöhnische Blicke auf Paulmann und Flemming richtend]. Kommen Sie, Herr Kelzer, ich habe ernstlich mit Ihnen zu reden. [Mit Kelzer durch die Mitte ab.]

7. Scene

Paulmann, Flemming.

Flemming [sinkt auf den Schreibsessel links]. Endlich allein! Man athmet förmlich auf.

Paulmann [sinkt gleichzeitig auf den Stuhl rechts am Tisch]. Beneidenswerther! Ich nicht! Ich spüre sie, auch wenn sie nicht da ist. Was sagst Du — wie sie einem tyrannisirt. Aber sie macht es so hübsch, so allerliebst! Man kann ihr nicht böse sein. Ach, ich bin so erschöpft. Uebrigens köstlich, daß Du so ruhig dasitzt! Nun ja, Du ahnst nicht das Mindeste!

Flemming [aufspringend]. Was denn?

Paulmann [ebenfalls aufstehend]. Julius, wir tanzen auf einem Damoklesschwert — nein, das hängt ja! Auf einem Pulverfaß! Eben komme ich von Frau Lolo Dornwarth! Das ist ein Schützling! Ich danke! Julius, was ich Deinetwegen ausstehe! Gestern noch schien sie ganz ruhig und gefaßt, heute traf ich sie rein wie verhext!

Flemming. Hui, das kenn' ich!

Paulmann. Weißt Du, was sie sich plötzlich in den Kopf gesetzt hat? Sie glaubt, ich hätte Dich beredet, mit ihr zu brechen. Was sagst Du dazu?

Flemming. Was soll ich dazu sagen?

Paulmann [gekränkt]. Na, Julius, da solltest Du aber doch etwas dazu sagen! — Und dann hat sie mich zu bitten angefangen, zu bitten! Julius, diese Augen, diese Stimme! Julius, wenn das mit der Liquidation so weiter geht — ich bin auch nur ein Mensch!

Flemming [ungeduld'g]. Was macht denn das?

Paulmann Was das macht? Julius, ich bin ein Ehemann!

Flemming. Das gibt sich!

Paulmann. Und von Rosa, ihrem Kammermädchen, hatte ich schon beim Kommen erfahren, daß sie zum Aeußersten entschlossen sei! Bedenke: Die — zum Aeußersten! Wahrhaftig, ich athmete förmlich auf, als es mir gelungen war, sie einigermaßen zu beruhigen.

Flemming. Wie hast Du das gemacht?

Paulmann. Das ist eben das Schlimme! Ich versprach ihr, Du würdest heute noch zu ihr kommen.

Flemming. Was?

Paulmann. Aber Freund, das wäre ja noch gut, aber —!

Flemming Aber was —?

Paulmann. Ja, das ist nun eben das Schlimme! Sie erklärte . . Du — es ist sehr unangenehm!

Flemming. So sprich doch endlich!

Paulmann. Nun denn, mein guter Julius — sie kommt h i e r h e r !

Flemming [zusammenfahrend]. Nicht möglich! Und das sagst Du mir erst jetzt?

Paulmann. Ich sagte Dir doch gleich, daß wir auf einem Pulverfaß tanzen.

Flemming. Benno — das muß um jeden Preis verhindert werden [Nimmt Paulmann's Hut.]

Paulmann. Das ist m e i n Hut!

Flemming. Laß' mich! [Stürzt nach rechts.]

Paulmann. Julius, wenn Ihr Euch verfehlt, so glaubt sie, daß Du Dich verleugnen läßt!

Flemming [knapp an Paulmann herantretend]. Sehr wahr. Du gehst sogleich hinunter!

Paulmann [in athemloser Spannung]. Hinunter!

Flemming. Wartest am Thor!

Paulmann. Am Thor!

Flemming. Kommt sie, erklärst Du ihr, daß ich augenblicklich zur Stelle bin!

Paulmann. Zur Stelle bin.

Flemming [sehr nervös]. Sag' mir doch nicht Alles nach wie ein Echo!

Paulmann. Ein Echo!

Flemming. Mensch!

Paulmann. Bist Du aber nervös!

Flemming. So geh' doch auf Deinen Posten.

Paulmann [der nach hinten eilte]. Ja doch! [Wagengeräusch.] Himmel, ein Wagen! [Stürzt ans Fenster.]

Flemming. Gerechter! Ist sie's?

Paulmann. Nein, Deine Braut!

Flemming [auch an's Fenster eilend]. Die hat mir noch gefehlt!

Paulmann. Was thun wir?

Flemming. Wie wir besprochen haben! Laß' Deine Frau verständigen!

8. Scene.

Vorige. Frida, Miß Speakly, dann **Wündte.**

Flemming. Ah, Frida, sei gegrüßt! Ich bin trostlos! Ich muß fort! Eine wichtige Konferenz! Auf Wiedersehen!

Miß Speakly [vorwurfsvoll]. Guten Tag, Mr. Flemming!

Flemming. Gute Nacht! [Sich verbessernd.] Guten Tag! Benno, ver=
giß nicht! [Stürzt durch die Mitte ab.]

Frida. Was ist denn geschehen?

[Wüncke von rechts eintretend, geht, nachdem er Paulmann's Befehl ver=
nommen, nach links hinten ab.]

Paulmann. Ah, Wüncke — holen Sie meine Frau! Sie verzeihen!
[Stürzt nach hinten zum Kleiderständer, nimmt Flemming's Hut.] Ich
muß natürlich auch zu jener Konferenz. Leider! Sehr leider!
[Frida's Hand fassend.] Meine Gnädige —! [Beiseite.] So ein
schönes Weib! Und diese Geschichte! Dieser Julius! [Laut.]
Schöne gnädige Frau — auf Wiedersehen! [Küßt ihr die Hand, stürzt
durch die Mitte fort.]

Frida. Was war denn das?

9. Scene.

Frida, Miß Speakly, Trudchen, Wüncke.

Trudchen [mit Wüncke von links hinten]. Ah Frida — das ist schön
von Dir, daß Du früher kommst! Mein Mann ist schon wieder
fort?

[Wüncke zuckt die Achseln, dann nach rechts ab.]

Frida. In fliegender Hast ist er weg. Angeblich zu einer Konferenz.

Trudchen. Konferenz? Guten Tag, Miß Speakly!

Miß Speakly. Guten Tag! Darf ich bei Herrn Kelzer vorsprechen?
Meines Stiefbruders halber.

Trudchen. Aber gewiß!

Miß Speakly. Ich gestatte mir! [Durch die Mitte ab.]

10. Scene.

Frida, Trudchen.

Trudchen [lachend]. Hat dieser Kelzer ein Glück! [Setzt sich links auf
den Stuhl.]

Frida [setzt sich ihr gegenüber]. Auch Julius ist zu dieser Konferenz?
Ist denn das so wichtig?

Trudchen. Ich habe nichts davon gehört.

Frida. Du — die Frau? Bist Du denn gar nicht argwöhnisch?

Trudchen. Du lieber Gott! Meinem Mann kann ich blindlings
vertrauen.

Frida. So? Du sagst das ja in einem Ton, als wenn es Dir
förmlich leid thäte.

Trudchen. Ist auch so.

Frieda. Das ist wohl nicht Dein Ernst! Wenn Du wie ich das Unglück erlebt hättest, von Deinem Gatten betrogen zu werden!

Trudchen. Weißt Du, so weit gehen meine Ansprüche nicht. Aber die ewige unbedingte Sicherheit, das ist schrecklich langweilig. Ja, Benno trägt mich auf den Händen. Ich w i l l aber gar nicht getragen sein! Kurz: ich würde es viel hübscher finden, wenn Benno ein klein wenig . . .

Frida. Nun, liebes Trudchen, da muß ich Dir als wohlmei= nende Freundin denn doch sagen, daß Dein Mann mitunter Blicke auf Damen zu werfen pflegt — ich sage Dir, Blicke! Und wie er einem bei der Hand faßt, sie drückt und küßt!

Trudchen. Was hör' ich da? [Freudig.] Ach ich bitte Dich, laß' Dir den Hof von ihm machen! Das wäre himmlisch!

Frida. Ich möchte Dir gewiß recht gern behilflich sein, in s Klare über ihn zu kommen. Aber —

Trudchen. Ach, Frida, Sturm und Wolken, Donner und Blitz — das ist amüsant! Du bist zu beneiden, in diesem Babel, wie die Tante diese herrliche Stadt nennt, leben zu können.

10 Scene.

Vorige. Frau Bendemann. Kelzer durch die Mitte. Gleich darauf **Miß Speakly** in derselben Thür.

Fr. Bendemann [hineinrufend]. Bleiben Sie nur! Schreiben Sie ruhig Ihre Briefe zu Ende.

Miß Speakly. Dies dürfte aber längere Zeit in Anspruch nehmen.

Fr. Bendemann. Das thut nichts.

Miß Speakly. All right! [Verschwindet.]

Trudchen [ärgerlich]. Aber Tante!

Fr. Bendemann. Liebste Frida!

Frida. Liebe, gute Frau Bendemann! [Begrüßung auch mit Kelzer.]

Trudchen. Du hast wohl schon gehört, Tante, daß mein Mann schon wieder zu einer Konferenz mußte?

Fr. Bendemann. Herr Kelzer, was ist das für eine Konferenz?

Kelzer. O! [Beiseite.] Man kommt nicht zur Ruhe! Zum Teuf—! [Sagt leise Beschwichtigungen zu ihr, tritt dann nach links an den Bücherschrank, blättert dort in einem Geschäftsbuche.]

Trudchen. Da mein Mann w i e d e r beschäftigt ist, so bleibt es also dabei: ich besuche mit Frida und Miß Speakly das Wohlthätigkeitsfest.

Fr. Bendemann. Du hörtest doch, daß Miß Speakly Briefe zu schreiben hat.

Trudchen. Das wird doch nicht den ganzen Nachmittag dauern.

Fr. Bendemann. Es geht nun einmal nicht. Du bleibst zu Hause.

Trudchen. Ah, Du willst einfach nicht, daß ich dieses Vergnügen haben soll!

Fr. Bendemann. Weil ich es doch nicht für schicklich halte, daß Frauen ein solches Fest ohne männliche Begleitung besuchen.

Frida. Aber, liebste Frau Bendemann!

Fr. Bendemann. Das verstehen Sie nicht, liebste Frida! Und damit Punktum.

Trudchen. Ach Gott — so wird einem jede Freude verdorben! Komm', Frida! Nun laß' ich mich heute nicht mehr sehen. [Mit Frida nach links hinten ab.]

Fr. Bendemann [nachrufend]. Du strafst mich hart. [Setzt sich, den Rücken gegen die Thür links, an's Bureau und nimmt eine Feder zur Hand.]

12. Scene.

Frau Bendemann am Bureau. **Kelzer** links am Bücherschrank. **Flemming** und **Paulmann** verstört und gleichzeitig den Kopf durch die Mittelthür steckend.

Flemming [verzweiflungsvoll, flüsternd, zu Paulmann]. Natürlich die Tante schon wieder da!

Paulmann. Gräßlich! Letzter Versuch! [Schleicht auf den Zehen nach links zu Kelzer, flüsternd.] Liebster Herr Kelzer! [Flemming tritt ebenfalls nach links zu Kelzer.]

Kelzer. Sie wünschen?

Paulmann [ihm in's Ohr]. Höchst unangenehmer Besuch in Sicht. Jemand, der sich nicht abweisen läßt. [Die Hände faltend.] Ich bitte Sie: weg — Alles weg! Sonst sind wir verloren!

Kelzer. Aber wie?

Paulmann. Kelzer, ich beschwöre Sie, schaffen Sie mir diese Tante aus der Welt — aus dem Z i m m e r!

Kelzer. Wenn's geht. [Sehr laut.] Herr Flemming, brauchen Sie mich noch?

Fr. Bendemann [sich am Schreibtisch umwendend]. Ihr seid schon zurück von der Konferenz?

Kelzer [fortfahrend]. Ich weiß, Sie und Herr Paulmann können noch nicht fort, da der Direktor kommt. Frau Paulmann und Frau Willmersdorf möchten nun gerne das Wohlthätig= keitsfest besuchen. Miß Speakly hat zu thun. Da möchte nun ich mir erlauben, die Damen zu begleiten.

Flemming. Vortrefflich. Aber ja. Gewiß. Begleiten Sie die Damen.

Fr. Bendemann [nach links tretend, sich nähernd]. So — und mich laden Sie nicht dazu ein?

Kelzer. Aber Frau Bendemann, wenn ich hätte ahnen können —! Es wird mir eine Ehre und ein Vergnügen sein.

Fr. Bendemann. Also gut, ich schließe mich an. Die Geschäfte auf morgen also. [Zur Thür links hinten hineinrufend.] Trudchen, also Ihr geht doch! Ich gehe mit und Herr Kelzer. [Kelzer tritt nach rechts, flüstert mit Flemming und Paulmann.]

Trudchen [hinter der Scene]. Bravo, Tante, jetzt bin ich wieder versöhnt!

Fr. Bendemann [zu Flemming und Paulmann]. Na — und Ihr könnt wirklich nicht mitkommen? [Argwöhnisch alle Drei mit der Lorgnette beäugelnd.] Welchen Direktor erwartet Ihr denn?

Stellung:

Frau Bendemann.   Paulmann.   Flemming.   Kelzer.

⌒

Paulmann. Den Direktor — na wie heißt er denn? Er liegt mir auf der Zunge! [Stößt mit dem linken Ellbogen Flemming in die Seite.]

Flemming. Mir auch. [Stößt ebenso Kelzer.]

Kelzer [stößt ebenso in die Luft]. Mir auch.

Bendemann. Allen Dreien?

Flemming [nachsinnend]. Ka — Ko — ah Kunze!

Paulmann. Kunze!

Kelzer. Kunze!

Fr. Bendemann. Kunze! Und das fiel Euch nicht ein?

13. Scene.

Vorige. Trudchen mit Hut und Sonnenschirm. Frida, Babette, Hut, Mantel, Sonnenschirm und einen Handspiegel für Frau Bendemann bringend. Später ein Comptoirist.

Trudchen. So, da sind wir! Benno, Du bist schon da? Das ist schön! Du kommst also mit uns? [Frida spricht rechts vorne leise mit Flemming.]

Paulmann. Unmöglich. Ich erwarte den Direktor — Kunze!

Trudchen. So komm' doch wenigstens nach! [Ist Frau Bendemann links vorne am Tische behilflich.]

Paulmann. Eventuell! Wenn wir mit dem Direktor fertig sind.

Fr. Bendemann [den Hut aufsetzend]. Zu einem Hut hast Du mich da beredet, Trudchen — rein für's Tollhaus! Herr Kelzer, sieht er nicht aus wie ein Blumentopf?

Kelzer. Das schadet nicht. Ich bin ein großer Freund von Blumentöpfen. [Oeffnet die Mittelthür, ruft etwas hinein.]

Fr. Bendemann. Benno, Du kommst mir so angegriffen vor.

Paulmann. Nun ja, ich war riesig beschäftigt heute.

Fr. Bendemann. Und bist Du mit Deinen Resultaten zufrieden?

Paulmann. Außerordentlich. [Ein Comptoirist bringt Kelzer's Hut und Stock.]

Fr. Bendemann. Du wirst mir heute noch berichten!

Paulmann. O mit Vergnügen.

Fr. Bendemann. Viel Glück zur Besprechung mit — mit? Wie heißt der Direktor? Jetzt liegt er m i r auf der Zunge.

[Paulmann erinnert sich in seiner Verwirrung augenblicklich nicht, stößt wieder mit dem linken Ellbogen, um Flemming aufzufordern, trifft aber unversehens die nebenstehende Frida.]

Flemming. K u n z e!

Fr. Bendemann. Also viel Glück zu Eurem — Kunze! [Geht mit argwöhnischen Blicken nach rechts zur Thür.]

Paulmann [ihnen folgend]. Unterhaltet Euch gut!

Trudchen. Ich rechne darauf, Dich bald zu sehen.

Frida. Julius, Du kommst bestimmt! Die frische Luft wird Dir gut thun.

Flemming. Ich werde trachten!

Fr. Bendemann. Julius, Du begleitest uns zum Wagen und machst mit dem Kutscher Alles ab.

Flemming. Sehr gern!

Fr. Bendemann. Diese Kutscher sind ja Räuber! Benno, wenn Miß Speakle fertig ist, soll sie nachkommen.

Paulmann. Gut, gut! [Alle — nur Paulmann ausgenommen — nach rechts ab.]

14. Scene.

Paulmann. Gleich darauf **Miß Speakly,** den Hut auf dem Kopfe, durch die Mitte.

Paulmann [allein, wirft sich auf einen Stuhl; die Beine von sich streckend]. Uff! Gott sei Dank — endlich einmal die Luft rein! Ach Gott! [Plötzlich unruhig, aufspringend.] Wenn sie nur nicht Frau Lolo Dornwarth begegnen! [Eilt ans Fenster. Es wird geklopft.] Was gibt's denn schon wieder!

Miß Speakly. Verzeihen Sie, daß ich störe. Ich suche Frau Bendemann.

Paulmann [ungeduldig, aber sehr höflich]. Sie hat sich entschlossen, mit meiner Frau und Frau Willmersdorf das Wohlthätig= fest zu besuchen. [Sie höflich zur Thür rechts drängend.] Sie möchten die Güte haben, rasch nachzukommen!

Miß Speakly. With pleasure! Good—bye! [Grüßt, geht ab, kehrt aber in der Thür wieder um. Zurückkommend.] Mr. Paulmann — [Paulmann seufzt auf.] Ich muß Ihnen noch besonders danken, daß Sie meinen Stiefbruder in Ihrer Fabrik an= stellen wollen.

Paulmann. Bitte, bitte — es ist mir ein Vergnügen, Ihnen zu dienen! [Geleitet sie abermals energisch, aber höflich zur Thür.]

Miß Speakly [wie oben. Abermals zurückkommend]. Mr. Paul= mann — Sie sind ein menschenfreundlicher Mensch. Ich wußte das schon, als ich Sie zum ersten Mal sah.

Paulmann [verzweifelt]. So?

Miß Speakly. Auf den ersten Blick. Der erste Eindruck ist immer der richtige. Es ist ein großer Physiognomiker, ein Lands= mann von mir, der darauf hinweist. Sie haben mir einen großen Dienst erwiesen. Ich wäre sehr glücklich, wenn ich Ihnen auch einen Dienst erweisen könnte.

Paulmann [sie wieder in die Thür drängend]. Aber bitte, bitte! Ist ja gar nicht nöthig! [Schließt hinter ihr die Thür, reißt sie aber im selben Augenblicke wieder auf. Erregt.] Das heißt, verehrte Miß Speakly — [Faßt sie an der rechten Hand, läuft mit ihr hastig gegen die Mitte der Bühne vor.] Ja, Miß Speakly — Sie könnten wirklich für mich etwas thun!

Miß Speakly. Indeed?

Paulmann. Wie?

Miß Speakly. Sprechen Sie, Mr. Paulmann! Es wird mir eine stolze Freude sein, Ihnen zu dienen!

Paulmann. Wirklich? Das ist schön von Ihnen, Miß Speakly! Ein Wort von Ihnen würde nämlich von größtem Gewichte bei Frau Bendemann sein. (Denn Sie gelten ihr als die Verkörperung Alles dessen, was shocking ist.

Miß Speakly [stußt]. Wie?

Paulmann. Was schicklich ist!) Sie schätzt Sie riesig! Ich aber nicht minder! Sie glauben gar nicht, wie riesig ich Sie schätze!

Miß Speakly. Mr. Paulmann — das macht mich glucklich! [Nimmt die Brille ab, steckt sie zu sich.]

Paulmann [sie erstaunt anblickend]. Ah — Sie haben ja Augen? Ich wollte sagen — schöne Augen — entschuldigen Sie! Sehen Sie, Miß Speakly, Sie könnten durch eine Bemerkung zu Frau Bendemann ihr begreiflich machen, daß ich — weiß Gott —! Denn, denn — verstehen Sie — ich bin in einer Lage —! In einer Lage — sage ich Ihnen! Nein — es geht doch nicht! Ich darf ja nicht einmal reden.

Miß Speakly. Ein Geheimnis?

Paulmann. Allerdings ein Geheimnis! Mir — mir muß so was passiren! In meinem ganzen Leben gab's bisher nicht das Geringste, was ich zu verbergen nöthig gehabt hätte! Ahnungslos, guter Dinge, komm' ich hieher. Da plötzlich — mit einem Schlage —! [Faßt sie in der Erregung an beiden Händen.]

Miß Speakly [stößt einen leisen Schrei aus. Beide sehen einander an. Wie elektrisirt]. Der Blitz!

Paulmann. Was sagen Sie?

Miß Speakly. O, Mr. Paulmann —!

Paulmann [verdutzt]. Miß Speakly?

Miß Speakly. Bitte, bitte, sprechen Sie nicht weiter. Es darf nicht sein!

Paulmann. Nein! Leider nein! Ach, Miß Speakly —!

Miß Speakly. Don 't! Don 't!

Paulmann [wie oben]. Was? Wie?

Miß Speakly. O Shakespeare — das ist es! Mr. Paulmann — es gibt Dinge, die man nicht aussprechen darf, die man als Geheimnis bewahren muß. Man reicht sich die Hand — [Faßt kräftig seine Hand, schüttelt sie ihm ruckweise.] blickt sich schweigend ins Auge. Dieser Blick aber sagt, daß man sich verstanden hat. [Ihm nochmals die Hand schüttelnd.] Kennen Sie das schöne Wort von einem großen Dichter — ein Lands-

mann von Ihnen! Die Erinnerung ist ein Paradeis, aus dem
uns Niemand hinaustreibt! Leben Sie wohl! Au revoir!
[Nach rechts ab.]

Paulmann [ihr erstaunt nachblickend]. Was hat sie denn? Diese
Engländer haben doch alle den Spleen!

15. Scene.

Paulmann. Flemming.

Flemming [im Eintreten, hastig]. Ist Lolo schon da?

Paulmann. Noch immer nicht. Sagte Dir das Stubenmädchen
denn wirklich, daß sie schon auf dem Wege hierher wäre?

Flemming. Wie oft soll ich 's denn Dir noch wiederholen!

Paulmann. Nun ja, sie müßte doch schon da sein! Julius, ich
bitte Dich, nur ja nicht schwach werden! (Sei versichert, schon
morgen ist ein A n d e r e r ihr Stern.

Flemming. Oho! So rasch vergißt man m i c h nicht!

Paulmann Also übermorgen.) Julius — und vergiß nicht —
Du mußt ihr nachdrücklich erklären, daß Du Dich zur
Trennung selbständig entschlossen hast!

Flemming. Soll geschehen, dann aber zieh' ich mich schleunigst
zurück, weil ich sonst — Du weißt ja —!

Paulmann. Ob ich weiß!

Flemming. Sie kommt! [Will nach links fort.]

Paulmann [ihn festhaltend]. Du mußt doch bleiben!

Flemming. Richtig!

16. Scene.

Vorige. Wüncke die Thür rechts öffnend. **Lolo** rasch vorgehend.

Paulmann. Guten Tag! [Rechts hinten, leise.] Wüncke, sonst
Niemand vorlassen! Nur über Ihre Leiche!

Wüncke [befremdet]. Ueber was? [Brummend ab.]

Lolo [elegisch]. Julius! Endlich sehe ich Sie wieder!

Flemming [links vorne]. Liebes Kind, ich habe diese Begegnung
vermeiden wollen, um uns Beiden eine Auseinandersetzung
zu ersparen. Wir müssen scheiden!

Lolo. Julius, dieses Wort darf ich nicht mehr hören, sonst
bekomme ich einen Nervenzustand.

Flemming [besorgt]. Um Gotteswillen, nur das nicht!

Paulmann [ihm halblaut zuraunend]. Sie bekommt keinen. [Tritt
an das Pult, so daß er die Beiden im Auge behält.]

Lolo [sich nach Paulmann umwendend, geringschätzig]. Werther Herr, mischen Sie sich nicht in unser Gespräch! — Julius, ich muß Dich allein sprechen. [Paulmann faßt ein dickes großes Geschäfts= buch, das auf dem Pulte liegt und stößt, um Flemming zu warnen, ab und zu damit auf das Pult.]

Flemming. Er stört uns ja nicht. Er ist mein Associé.

Lolo. So sehr beherrscht Dich schon dieser Mensch?

Flemming. Glauben Sie mir, gute Lolo — [Paulmann hustet und winkt ihm immer energischer zu.] daß es mir nicht leicht fällt. Aber es muß sein. Ich — ich bitte Sie — nun alles Weitere — mit meinem Freunde und Associé Paulmann zu besprechen.

Paulmann. Mit mir, wenn ich bitten darf, meine Gnädige!

Lolo [sich umwendend, verächtlich]. Lassen Sie mich! [Flemming an der Hand fassend.] Julius —! O du mein Einziger! [Zärtlich.] Mein süßer Julius!

Flemming [schwach werdend]. Seien Sie versichert, gute Lolo, liebe Lolo — liebste Lolo —!

Lolo. Dieser Ton! Diese Seele! [Zieht ihn an sich.]

Flemming. Theure Lolo! [Will sie küssen. Paulmann läßt das schwere Buch vorne vor dem Schreibtisch platt zu Boden fallen. Flemming und Lolo fahren erschrocken auseinander Flemming sich ermannend.] Leben Sie wohl! [Eilt nach links vorne ab.]

17. Scene.

Paulmann, Lolo. Dann **Wüncke.** Später **Frau Bendemann, Miß Speakly, Trudchen, Frida** durch die Mitte.

Lolo [setzt sich, den Kopf zurücklehnend, links vorne auf den Stuhl rechts]. Ah — ich ersticke!

Paulmann [ganz vorne rechts in der Ecke]. Ein schönes Weib! Aber es muß sein! [Eilt zu ihr hin, stolpert dabei über das auf dem Boden liegende Buch. Sich zu ihr beugend, äußerst freundlich.] Meine Gnädige, ich mache Ihnen einen Vorschlag! Ich begleite Sie hinunter und bringe Sie in einem Wagen nach Hause. Ja? Hm?

Lolo [in Gedanken verloren, den Kopf in die Hände gestützt, vor sich hin]. Zu Hause! Weißt Du, wo meine Heimat ist?

Paulmann. Aber gewiß! Ich war doch schon wiederholt bei Ihnen! Nun und dann — heute oder vielleicht morgen — wollen wir ganz ruhig das Weitere besprechen.

Lolo [mit wilder Geberde aufspringend]. Das Weitere? Wollen Sie mich wahnsinnig machen?

Paulmann [nach rechts zurücktretend]. O nein!

Lolo [wild an ihn herantretend]. Für mich gibt's da überhaupt nichts Weiteres! Verstehen Sie mich? Julius trennt sich von mir! Ich fasse es nicht! Wer aber ist Schuld an Allem? Nur Sie! Sie haben ihn dazu verleitet!

Paulmann. Ich versichere Ihnen —!

Lolo [ihm knapp in's Gesicht sprechend]. Versichern Sie mir nichts, mein werther Herr! Sie sind ja selber ein so unsicherer, in sich zerfallener Ehemensch! Durch die Ehe sind Sie geistig gebrochen worden! Darum konnten Sie es auch nicht ertragen, daß Ihr Herr Associé in höheren Regionen wohnt. Und darum suchen Sie ihn hinunterzustoßen in die dürre Prosa der Alltäglichkeit!

Paulmann [immer beleidigter]. Das ist denn doch —!

Lolo. Aber noch bin ich da. Ja, mein werther Herr, ich bin da und wir wollen sehen, mein werther Herr, ob Ihre Ränke siegen!

Paulmann. Erlauben Sie — h e i r a t e n will Julius! Darum will er frei sein. [Erschrickt, daß ihm dieses Wort entschlüpft ist.]

Lolo. Heiraten will er? Warum sagen Sie mir das erst jetzt? Heiraten! Das ist ja ein Mittel, ihn nach kurzer Frist für ewig mit mir zu verknüpfen. Im Joch der Ehe, in diesem Fegefeuer, wird er nicht wie Sie, werther Herr, geistig zusammenschrumpfen!

Paulmann. Erlauben Sie!

Lolo. Nein, wie ein Phönix wird er mit starker Faust seine Fesseln zerschmettern und wieder zu mir emporsteigen. [Ihn mit ihren beiden Händen auf die Schultern klopfend.] Ich bitte Sie, werther Herr, betreiben Sie nur ja diese Heirat!

Paulmann. Ich werde so frei sein.

Lolo. Werther Herr, blicken Sie doch in einen Spiegel! Sehen Sie doch, wie sie aussehen.

Paulmann [zieht einen kleinen Taschenspiegel hervor, blickt hinein]. Was hab' ich denn? [Wischt sich das Gesicht mit dem Taschentuch.]

Lolo. Zum Erbarmen! Nüchtern, wie prosaisch! Wie klein Sie vor mir stehen. Ja — mein Julius wird zu mir zurück= kehren! O diese Erregung! Meine Nerven reißen. [Wankt.]

Paulmann [erschrickt, faßt sie in seine Arme]. Sie werden doch nicht —! [Geleitet sie zu dem Stuhl am Tisch.]

Lolo. Mir schwindet das Gesicht! Schwarz! Alles schwarz!

Paulmann [in Todesangst]. Nur nicht schwarz! [Fächelt ihr mit seinen Händen, dann mit dem unteren Theile seines Salonrockes Luft zu.]

Lolo. Luft, Luft! Wasser! [Paulmann stürzt nach links vor, holt die Platte mit Wasserflasche und Glas von dem kleinen Wandtisch, setzt alles auf den Tisch, setzt sich auf das Sopha, gießt in seiner Verwirrung aus der auf dem Tische stehenden Flasche Cognac in das Glas, taucht seine Finger hinein, besprengt ihr das Gesicht. Da sie unwillig aufschreit, trinkt er den Cognac aus, gießt Wasser in das Glas, reicht es ihr.]

Lolo. Setzen Sie hin! Dieser Schmerz! [Paulmann eilt an die Mittelthür, um zu horchen, ob Niemand kommt, dann gegen die Thür rechts. — Lolo hat aus ihrem „Ridicule" eine kleine Dose hervorgezogen, wirft mit dem darin befindlichen Löffelchen Pulver in das Glas, will trinken.]

Paulmann [bemerkt es, stürzt entsetzt auf sie los, faßt das Glas an, will es ihr entreißen. Schreiend]. Halt!

Lolo [das Glas nicht loslassend]. So geben Sie doch —·

Paulmann. Nie!

Lolo. Es ist für's Herz!

Paulmann. Wer's glaubt!

Lolo. Geben Sie, sag' ich!

Paulmann. Niemals!

Wüncke [rasch durch die Mitte eintretend]. Eben steigt Frau Bendemann die Treppe herauf.

Paulmann. Gerechter! [Reißt ihr das Glas aus der Hand, hebt den Papierkorb in die Höhe, schleudert das Glas Wasser hinein. In Todesangst.] H'raus! H'raus! Wüncke — machen Sie die Thür auf! Wüncke öffnet die Thür rechts angelweit.]

Lolo. Mich flüchten? Nimmermehr! Ich habe nicht das Tageslicht zu scheuen! Ich gehe wie ich gekommen bin. Reichen Sie mir den Arm! [Paulmann nimmt sie an seinen rechten Arm, führt sie gegen die Thür rechts. Lolo sich wie kraftlos an ihn lehnend, im Fortwanken.] Es ist zuviel! [Frau Bendemann, Trudchen Miß Speatly und Frida durch die Mitte.] Daß ich so elend bin, ist Ihr Werk, werther Herr!

Paulmann. Wüncke!

[Wüncke nimmt Lolo auf Paulmann's Wink an seinen linken Arm. Sie schwankt von Beiden geführt zur Thür. Paulman schiebt Beide mit einem kräftigen Ruck zur Thür hinaus, wirft sie zu, kehrt sich um, erblickt die Gekommenen, lehnt sich wie erstarrend an die Thür.]

18. Scene.

Paulmann Mitte. **Frau Bendemann** zu seiner Linken, **Trudchen** zu seiner Rechten. **Frida** an der Thür rechts. **Miß Speakly** im Hintergrund.

Fr. Bendemann. Hab' ich Dich endlich ertappt, Sünder!

Paulmann. Ich — ich — ich bin unschuldig!

Fr. Bendemann [ihn an der Hand fassend]. Sieh' mir ins Auge!

Trudchen [ihn an der anderen Hand fassend]. Sieh' mir ins Auge!

Beide. Du kannst es nicht

Paulmann. Beiden zugleich kann ich's nicht!

Trudchen. Sich so zu verstellen — so zu täuschen. Also darum wolltest Du zu Hause bleiben —? O!

Fr. Bendemann. Heuchler! Verführer!

Paulmann [in höchster Erregung. Er legt, während er spricht — seine beiden Hosentaschen abwechselnd auspackend — den Inhalt: Schlüssel, Taschenmesser, Münzen, Crayon, Bürstchen ꝛc. Stück für Stück energisch und geräuschvoll aufschlagend auf den Tisch links vorne und steckt dann ein Stück nach dem andern wieder ein]. Unschuldig — unschuldig bin ich! Und wenn auch der Schein gegen mich ist! Ich erkläre feierlich, daß ich unschuldig bin, wie ein Lamm. Ah — und nicht reden zu können! Und dennoch — dennoch bin ich un= schuldig wie ein Lamm!

Trudchen. Unschuldig? O Du Abscheulicher!

Fr. Bendemann. Still! [Zu Trudchen.] Rege Dich nicht auf, mein Kind, das schadet Dir! [Zu Paulmann.] Wir sprechen uns noch! — Komm', armes Kind! [Nach links hinten ab.]

Paulmann [ihr bis zur Thür folgend]. Tante! Tante! [Grimmig.] Frau Bendemann!

Trudchen [rechts vorne leise zu Frieda]. Frida, hilf mir nun ihn ganz zu entlarven!

Frida. Verlaß Dich auf mich. Na, da hast Du ja nun Sturm und Wolken, Donner und Blitz!

Trudchen. Zuviel! [Frida drückt ihr die Hand.]

Fr. Bendemann [hinter der Scene rufend]. Trude!

Trudchen. Tante, ich komme! [Wendet sich nach links hinten.]

Paulmann. Trudchen — auf ein Wort!

Trudchen. Aus den Augen! [Ab.]

Miß Speakly [hinten links an der Thür, vorwurfsvoll]. O Mr. Paulmann —!

Paulmann [wüthend]. Wünschen Sie etwas, Miß Speakly?

Miß Speakly. Was haben Sie da angerichtet! [Ab.]

Paulmann. Auch da Vorwürfe? Was geht das die an? [Geht vor.]

19. Scene.

Paulmann, Frida, dann **Flemming.**

Frida [an ihn herantretend, ihn anlächelnd]. Ah, ich habe Sie also doch richtig beurtheilt. Sie sind ja ein gefährlicher Mensch, Herr Paulmann!

Paulmann. Gefährlich — ich?

Frida. Werden Sie es glauben? Was ich fürchte — dazu fühl' ich mich wie magisch hingezogen. [Schwärmerisch.] Don Juan!

Paulmann [in höchster Erregung]. Ich — ich — ein Don Juan? [Geht wüthend nach links hinten. Auf Frida hinstarrend.] Ich ein — Don Juan! [Seinen Rock zuknöpfend, wild, entschlossen.] Aber ja! Wenn alle Welt es behauptet, so will ich denn auch einer sein! Ich sehe auch nicht ein, warum ich es nicht sein soll. [Nimmt sich einen Anlauf, schreitet mit gespreizten Beinen haftig auf Frida los. Stürmisch.] Frida — theures, angebetetes Weib, geben Sie mir ein Rendezvous!

Frida [beiseite]. Ah —! [Laut.] Wie kann und darf ich das?

Paulmann. Ich beschwöre Sie — ein Rendezvous!

Frida. Und wie und wo könnte ich, wenn ich auch wollte —!

Paulmann. Seit Frau Bendemann hier ist, bleiben Sie ja öfters Abends hier. Um 10 Uhr ist Alles still! [Nach links vorne deutend.] Jenes Zimmer — das Eßzimmer — liegt ganz isolirt. Dort drinnen sind wir ganz ungestört! Also Sie kommen! Kommst Du?

Frida [beiseite]. Unverschämter! [Laut.] Ja, ich komme!

Paulmann. Angebetetes Weib! [Küßt ihr stürmisch die Hände. Beiseite.] Das ist gar nicht so schlecht!

[Flemming tritt von vorne links ein, fährt zusammen, bleibt, Beide argwöhnisch fixirend, einen Augenblick stehen, geht dann langsam auf Paulmann los.]

Frida [für sich]. Ah, da ist ja Julius! [Stellt sich, als hätte sie ihn nicht gesehen, eilt nach links hinten ab.]

Paulmann [sehr verlegen]. Julius — Du bist da?

Flemming [ihn fixirend]. Ja, ich bin da!

19. Scene.

Vorige. Glumpe mit **Grete, Wüncke.** Darauf **Frau Bendemann.**

Glumpe [sehr angeheitert]. Ich muß Herrn Paulmann sprechen.

Wüncke [zu Paulmann]. Entschuldigung! Er läßt sich nicht abweisen.

Paulmann [wüthend zu Wüncke]. Sie sind ein —!

Wüncke. Weiß schon!

Paulmann [zu Glumpe]. Was wollen Sie schon wieder?

Glumpe Herr —! Ah, da ist ja endlich Herr Flemming!

Fr. Bendemann [von hinten hereineilend]. Ah, ich habe also doch recht gesehen! Da ist dieser Mann nun wieder mit diesem Kinde! [Zu Paulmann.] Du wirst mir nun auf der Stelle erklären, was es damit für eine Bewandtnis hat!

Glumpe [gedehnt]. Mit uns? J—a, wir gehören sozusagen zur Firma! 121½ — und sechs Jahre erst. Kolossal, nicht wahr?

Fr. Bendemann. Was sagt er da?

Paulmann [blickt fassungslos umher, erblickt das alte Portrait. Plötzlich entschlossen]. Die W a h r h e i t! Ja, Tante, diese Kleine — [Auf das Portrait zeigend.] ist ein Schützling des alten Hermann Bendemann.

Flemming [ihm zuraunend]. Aber Benno!

Fr. Bendemann [bald das Bild, bald das Mädchen betrachtend]. Was? Sechs Jahre alt! Und mein Schwager ist seit a c h t Jahren todt.

Paulmann [immer verwirrter]. Ist eben — n a c h seinem Tode zur Welt gekommen.

Flemming [leise zu Paulmann]. Benno!

Fr. Bendemann. Wie ist das möglich?

Paulmann [stotternd]. Warum — denn — nicht?

Fr. Bendemann [starrt ihn an. Aufschreiend]. Benno! Du bist Vater? [Wird ohnmächtig, sinkt in Paulmann's Arme.]

Paulmann [legt sie in Flemming's Arme]. Was! Wie? Aber —!

Flemming. Tante! Da haben wir's nun!

[Der Vorhang fällt.]

Vierter Akt.

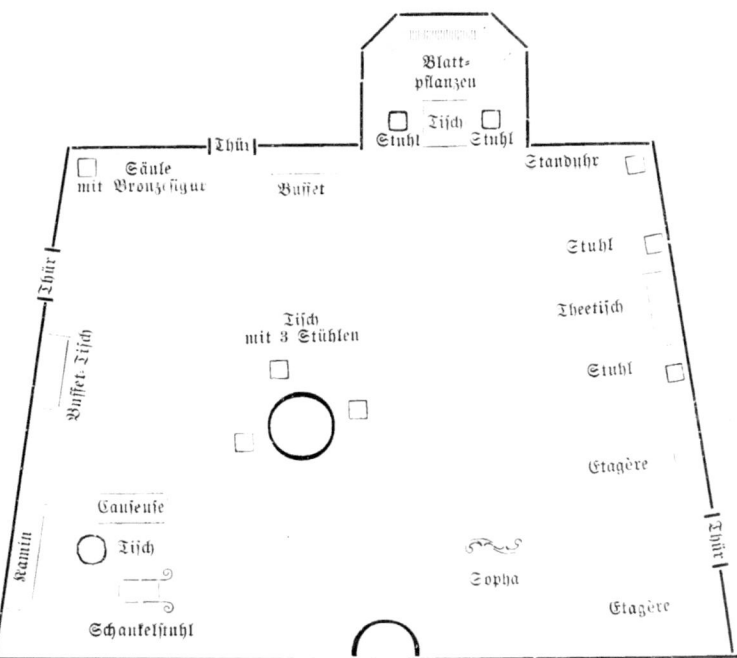

Scenerie: Behaglich und sehr elegant eingerichtetes Eßzimmer bei Flemming
mit Erker rechts hinten, worin kleiner Tisch, zwei Stühle und Blatt=
pflanzen. In dem Hintergrund links vom Erker Thür. Seitenthür ganz
links hinten. Seitenthür ganz rechts vorne. Links ganz vorne Kamin,
worin helles Feuer, wodurch, wenn der Luster verlöscht ist, die Bühne

genügend erhellt wird. Weiter hinten Buffettisch. In der Mitte der Bühne,
etwas nach vorne, gedeckter Tisch mit drei Stühlen. Derselbe ist
schon fast abgeräumt; nur drei Dessertteller, drei Weingläser und eine
Weinflasche befinden sich noch darauf. Links vorne ganz nahe dem Kamin
ein kleiner runder Tisch. Hinter demselben Causeuse. Rechts vom Tisch,
aber weiter vorne, so daß der Raum bis zur Seitenwand links frei bleibt,
ein Schaukelstuhl mit der Lehne gegen die Thür rechts. An der Hinter-
wand zwischen Thür und Erker Buffet. Links hinten in der Ecke Säule
mit bronzener weiblicher Figur. Rechts hinten in der Ecke große Standuhr. Ganz vorne ein wenig nach rechts ein kleines Sopha in S-Form.
Rechts von der Thür an der Wand eine Etagère, eine zweite hinter der
Thür, noch weiter hinten ein Blumentisch. Da und dort in den Zwischen-
räumen Stühle. An den Wänden Bilder ꝛc. Ueber dem Eßtisch Luster
mit Glühlampen. Auf dem Boden Teppich.

1. Scene.

Frau Bendemann links, **Trudchen** in der Mitte, **Frida** rechts,
nach beendigtem Souper am Eßtisch. Gleich darauf **Babette** von rechts.
[Der Luster ist angezündet.]

Fr. Bendemann. Du bist also mit dem Packen fertig, Trudchen?

Trudchen. Ja, Tante.

Fr. Bendemann. Denn es bleibt unwiderruflich dabei! Wenn
Benno sich nicht heute noch gründlich rechtfertigt, so reisen
wir morgen mit dem Frühzug nach Hause. Und das Weitere
wird Sache des Rechtsanwalts sein.

Frida. Liebste Frau Bendemann —

Fr. Bendemann. Unwiderruflich, hab' ich gesagt! Ah, da
kommt Babette. Nun?

Babette. Herr Flemming und Herr Paulmann lassen Frau
Bendemann nur um fünf Minuten Geduld bitten. Sie werden
dann bestimmt erscheinen.

Fr. Bendemann [sarkastisch]. Wo sind meine Herren Neffen?

Babette. Im Chefzimmer.

Fr. Bendemann. Allein?

Babette. Herr Kelzer ist bei ihnen.

Fr. Bendemann [aufstehend]. Aha! Kommen Sie mit, Babette.
Ich mache mich für alle Fälle reisefertig.

Trudchen. Seh' ich Dich noch, Tante? [Steht auf.]

Fr. Bendemann. Gleich nach der Unterredung, die ja doch
nur so endigen kann, daß wir reisen — geh' ich zu Bett.

Trudchen [nickt Frida heimlich zu]. Dann sag' ich Dir gleich gute
Nacht, Tante. Ich bin todmüde.

Fr. Bendemann. Armes Kind! Gute Nacht! Frida bleibt also
bei Dir?

Frida. Ja wohl.

Fr. Bendemann. Die Thür verriegelt Ihr. Wenn Benno sich
vor Dir rechtfertigen will, muß ich dabei sein. Gute Nacht,
Trudchen! [küßt sie.] Gute Nacht, Frida. [Mit Babette nach
links ab.]

2. Scene.

Trudchen. Frida.

Frida [auf ihre Uhr sehend]. Halb 10 Uhr. Bis zur Rendez=
vous=Stunde wird doch diese Unterredung zu Ende sein?

Trudchen. Bei der Heftigkeit der Tante wird sie, denke ich, nur
wenige Minuten dauern. [Nach links vorgehend, Frida zu sich
heranwinkend.] Also, Frida, Du sprichst s o mit Benno, daß er
dieser Thür [Nach hinten deutend.] den Rücken kehrt. Wenn Du
sagst: „Bitte, sehen Sie weg!" trete ich vor und Du huscheft
durch jene Thür [Nach rechts deutend.] fort. Dann ist er gefangen!

Frida. Ganz recht.

Trudchen. Ah, mir klopft das Herz! Aber es muß geschehen.
Dieser Benno!

Frida. Aber Trudchen, Du wolltest doch, daß er ein wenig —

Trudchen. Ein wenig! Daß er es aber so arg treibt! Förmlich
im großen Styl —!

Frida. Du, Trudchen — wenn nun Benno einen Kuß verlangen
sollte?

Trudchen. Dann schrei' ich!

Frida. [seufzend]. Die Männer sind nun einmal so! Siehst Du,
so sehen die Dinge in der Praxis aus. Aber beruhige Dich.
Ich werde nur theoretisch entgegenkommend, in der Praxis
aber sehr zurückhaltend sein.

Trudchen. Ich werde aber auch selber aufpassen In solchen
Sachen traut Eine der Andern nicht über den Weg! [Wendet
sich nach hinten.]

Frida [ihr folgend]. Aber Trudchen!

Trudchen. Du glaubst doch nicht etwa, daß ich eifersüchtig bin?
O —.

Frida. Bewahre! Wie könnte ich so etwas glauben!

3. Scene.

Vorige links hinten. **Paulmann, Flemming** ganz zerknirscht
von rechts.

[Trudchen erblickt die Eintretenden, zupft Frida verstohlen; sie flüstern
ein paar Augenblicke mit einander.]

Frida [ironisch]. Guten Abend, meine Herren!

Flemming. Theure Frida —!

Frida [ihm abweisend]. Ich muß erst noch abwarten, mein Herr.
[Mit Nachdruck und Paulmann dabei heimlich zuwinkend.] Ist's Dir
wirklich angenehm, Trudchen, daß ich bei D i r d i e N a c h t
z u b r i n g e? [Paulmann zuckt zusammen, wird sichtlich unruhig.
Flemming bemerkt Alles.]

Trudchen. Nicht bloß angenehm — ein Trost in meinem Un=
glück.

Paulmann. Trudchen —!

Frida. Und Dein Mann?

Trudchen [gegen Paulmann, aber ohne ihn anzusehen, gewendet]. Für
d e n hat die Tante eine Lagerstätte im S a l o n herrichten
lassen.

Paulmann. Trudchen, liebstes Trudchen—!

Trudchen [kalt]. Laß' mich! Die Tante erwartet Dich! [Da sie
von Frida gezupft wird, sehr laut.] Frida, ich bin wie zerschlagen.
In fünf Minuten schlafe ich wie ein Murmelthier.

Paulmann. Trudchen, nur zwei Worte—!

Trudchen. Erst vor der Tante rechtfertigen. [Geht nach hinten an
die Thür, öffnet.]

Flemming. Frida — ich bitte Dich!

Frida [ihn durchdringend ansehend, streng]. Abwarten, hab' ich ge=
sagt. [Beide nach hinten ab.]

4. Scene.

Paulmann links, **Flemming** rechts.

Flemming [außer sich]. Benno, da siehst Du es! Da hast Du
es nun!

Paulmann. D u machst m i r Vorwürfe! Das ist s e h r gut!

Flemming [ihm den Mund zuhaltend, gedämpft]. Nicht so laut, ich
bitte Dich! Frida pflegt manchmal — zu horchen.

Paulmann. So, auch das?

Flemming [argwöhnisch]. Was willst Du damit sagen?

Paulmann. Gar nichts.

Stemming. Warum sagst Du dann „auch das"?

Paulmann. Redensart.

Stemming [sich nach der Thür hinten umwendend]. So! Du kommst mir überhaupt so — so — so unruhig vor.

Paulmann. Ich soll wohl r u h i g sein, wenn die Tante uns erwartet?

Stemming [nachdenklich]. Ja, ja — aber Deine Unruhe ist — ist eine — andere!

Paulmann. Unsinn!

Stemming [wieder sehr aufgeregt]. Benno, wenn ich mir Frida's Liebe verscherze — [Ihn an den Schultern schüttelnd.] das überlebe ich nicht!

Paulmann. Verrenk' mir aber nicht den Arm!

Stemming. Benno — die gibt mir den Laufpaß, Du m u ß t mir helfen!

Paulmann. Ich helfe Dir doch in einem fort. Jetzt schreist Du übrigens selber!

Stemming [gedämpft]. Helfen, Benno — sonst bin ich verloren! Benno, guter Benno, süßer Benno — ich beschwöre Dich, nimm' d i e g a n z e G e s c h i c h t e a u f D i c h!

Paulmann. Du bist wohl nicht ganz —?

Stemming. Aber Benno, nicht für immer — nur provisorisch, nur für drei Wochen! Nach meiner Hochzeit mit Frida will ich ihr und der Tante Alles eingestehen.

Paulmann. Unmöglich!

Stemming. Sieh, Dir kann man ja Trudchen nicht wegnehmen! Du riskirst also nichts!

Paulmann [entsetzt]. Ich riskire nichts? Du kennst die Tante noch immer nicht ganz! Ist's denn nicht genug, daß ich überhaupt s c h w e i g e! Ist das nicht genug Seelengröße?

Stemming. Du hast mir ja Dein Ehrenwort verpfändet. Bist mir zeitlebens verpflichtet!

Paulmann [jammernd]. Julius, das war nicht edel von Dir! O, hätte ich mich nie eingelassen auf diese unselige Liquidation!

Stemming [hält ihm wieder den Mund zu]. Schrei' doch nicht so. Ich bin doch weit mehr aufgeregt als Du — [Schreiend.] und ich rede ganz leise.

Paulmann. Das nennt er leise! [Blickt nach links. Erstarrend.] Die Tante!

Stemming. Die Tante!

5. Scene.

Vorige rechts. **Frau Bendemann** von links.

Paulmann. Tante, Du . . .

Flemming. Hast uns . . .

Paulmann. Rufen lassen.

Fr. Bendemann. Setzt Euch! [Setzt sich links an den Eßtisch.]

Paulmann. Setz' Dich, Julius!

Flemming. Setz' Dich, Benno! [Setzen sich. — Flemming links, Paulmann rechts auf das kleine Sopha rechts vorne, so daß Letzterer dem Publikum den Rücken zuwendet.]

Fr. Bendemann. Ohne weitere Einleitung. Ich gehöre nicht zu denen, die sich zum Besten halten lassen. Ich fordere Euch hiemit zum letzten Male und in allem Ernste auf, mir rück= haltslos Aufklärungen zu geben. Geschieht dies nicht, so reise ich morgen Früh ab und das Wort hat dann mein Rechtsanwalt.

Flemming. So sprich doch, Benno!

Paulmann [der den Kopf beständig nach Frau Bendemann hingewendet hielt, wie gebrochen sitzen bleibend]. Tante, ich kann nur wieder= holen — die Umstände haben mich in ein schiefes Licht ge= bracht. [Faßt das Sopha an der Lehne, rückt es plötzlich — Flemming drückt durch Geberden sein Befremden und seinen Aerger darüber aus — jählings nach links, so daß er Frau Bendemann en face gegen= über sitzt.] Habe nur drei Wochen Vertrauen zu mir. Habe nur drei Wochen Geduld!

Fr. Bendemann. Nur drei Wochen? Bist Du bis dahin mit einem Lügengewebe fertig? Benno, noch einmal fordere ich Dich auf, mir reumüthig die Wahrheit zu gestehen! [Frida steckt den Kopf hinten durch die Thür, Flemming bemerkt es.]

Paulmann [das Sopha noch weiter herumrückend, so daß er en face gegen das Publikum sitzt]. Tante — erst in drei Wochen.

Flemming. Aber Benno, ich bitte Dich, sei doch nicht so verstockt!

Paulmann [vor Ueberraschung und Grimm fast starr]. Was sagst Du da? Erlaube mir —!

Flemming. Ja, guter Benno, es hat keinen Sinn, noch länger so verstockt zu sein! Ich sehe schon, ich muß endlich reden! Tante — ich kann's Dir nicht länger verschweigen! Meine Wahrheitsliebe drängt mich dazu. Ja — Benno hat Manches gethan, was nicht recht war. Aber sei versichert, Alles zur Zeit, da er noch unverheiratet gewesen.

Paulmann [die Fäuste ballend, faſt ſprachlos]. Julius — das iſt aber denn doch —!

Flemming. Unterbrich mich nicht! Du hältſt mich nicht mehr ab. Tante, glaube mir, der arme Benno bietet ſeit Langem Alles auf, was er ſich aufgeladen hat, von ſich abzuſchütteln. Aber er war zu gutmüthig, zu ſchwach dazu.

Paulmann. Julius — Du biſt ein Abgrund —

Flemming. Nun aber habe i ch mich ſeiner angenommen. Ich bringe Ordnung in ſeine Angelegenheiten, ich liquidire ſie. Binnen wenigen Tagen wird Alles erledigt ſein. Dafür bürge ich Dir, Tante!

Paulmann [aufſpringend]. Julius, das laſſ' ich mir nicht länger gefallen! [Stürzt auf ihn los.]

Flemming. Ruhig, ruhig, Benno! [Leiſe.] Ich hab' Dein Wort! Ich hab' Dein Wort. [Wendet ſich zu Frau Bendemann.]

Fr. Bendemann [aufſtehend]. Ich weiß nun genug! Julius, Du biſt ein Ehrenmann! [Ihm die Hand ſchüttelnd — er verneigt ſich tief dabei.] Ich danke Dir, daß Du mir reinen Wein einge= ſchänkt. Dieſer verſtockte Sünder aber ſoll mich noch kennen lernen! [Raſch nach links ab.]

Paulmann [will ihr nach]. Tan—Tan—Tante! [Flemming fängt ihn mit beiden Armen auf und hält ihn feſt.]

6. Scene.

Flemming nach links vorgehend, **Paulmann** mit geballten Fäuſten ihm folgend. Dann **Babette.**

Paulmann. Julius, ſo etwas — Verruchtes — ſo etwas Ver= r u c h t e s hätte ich Dir niemals zugetraut! Du lieber Himmel — von nun an werde ich ja rein die Hölle im Hauſe haben!

Flemming. Aber doch nur proviſoriſch! Nur für drei Wochen! Nimm Dir's nicht zu ſehr zu Herzen und komm' mit mir in den Club!

Paulmann. Nein, mit Dir will ich nichts mehr zu thun haben! [Mit drohender Miene.] Ich bleibe zu Hauſe.

Flemming [wieder argwöhniſch]. So — Du bleibſt zu Hauſe?

Paulmann [übereifrig]. Nein, nein, nein, ich bleibe n i c h t zu Hauſe! [Beiſeite.] Na warte! [Laut.] Ich beſuche die In= duſtriellen=Kneipe. [Grimmig, beiſeite.] Na warte! Um 10 Uhr geh' ich in den Sumpf! [Babette von links.]

Flemming. Was willst Du, Babette?

Babette. Frau Bendemann hat mir befohlen, das elektrische Licht auszulöschen.

Flemming. Sehr gut! Denkt die Tante mitten in ihrem Grimm an ihr Sparsystem! Also gehen wir!

Babette [zwei Leuchter anstectend]. Ich werde —

Flemming. Nein, nein, wir leuchten uns selbst! Also was thust Du?

Paulmann [das brennende Licht nehmend, nachdrucksvoll]. Die Kneipe besuch' ich, die Kneipe!

Flemming. Also komm', Du verstockter Sünder! [Geht nach rechts an die Thür.]

Paulmann [mit dem Licht in der Hand, agirend]. O Du Gemüths= mensch! [Beide rechts ab. Babette setzt Desserteller, Weinflasche und Gläser und das zweite brennende Licht auf das Servirbrett, verlöscht das elektrische Licht, geht dann mit dem Servirbrett nach hinten ab, die Bühne wird dunkel und bleibt nur von dem Scheine des Kamin= feuers erhellt.]

7. Scene.

Kelzer. Gleich darauf Frau Bendemann.

[Kelzer entzündet das elektrische Licht, geht nach links, klopft schüchtern an die Thür.]

Fr. Bendemann [hinter der Scene]. Wer ist's?

Kelzer. Kelzer!

Fr. Bendemann [öffnet]. Sie sind's, Herr Kelzer? [Ladet ihn ein, rechts am Esstische Platz zu nehmen — sie setzt sich ihm gegenüber.]

Kelzer. Ich bitte tausendmal um Verzeihung, daß ich störe, Frau Bendemann. Aber ich hörte von Babette, daß Sie morgen früh abreisen wollen. Und ich kenne Ihre Beweg= gründe, Frau Bendemann. Und da betrachte ich es als lang= jähriger Mitarbeiter des Hauses als meine Pflicht, zu inter= veniren, Sie zur Milde, zur Versöhnlichkeit zu stimmen.

Fr. Bendemann. Mein lieber Herr Kelzer, dazu liegt nicht die mindeste Veranlassung vor. Benno hat sich in einer zu un= erhörten Weise vergangen.

Kelzer. Und ich gebe Ihnen mein Wort, daß er eines Tages glänzend gerechtfertigt dastehen wird. Ich kann es nicht länger mit ansehen! Der Schuldige ist nicht Herr Paulmann, sondern Herr Flemming.

Fr. Bendemann. Das ist nicht möglich! Wenn aber auch dem so wäre — ich glaub' es ja nicht — so hat er sich doch jedenfalls zum Mitschuldigen gemacht!

Kelzer. Versprechen Sie mir nur Eines! Daß Sie morgen mit Ihrer Nichte n i c h t abreisen! Herr Paulmann ist ja wie zerschmettert. Er leidet sehr! Seien Sie nicht zu hart gegen ihn! Bedenken Sie, daß ja auch der sittenstrengste Mensch, wenn er zurückdenkt, sich an Manches erinnert, worüber er sich Vorwürfe machen muß.

Fr. Bendemann [steht auf. Nach kleiner Pause, weich]. Herr Kelzer, ich verstehe Sie . . .

Kelzer [verlegen aufstehend]. Nein, nein, ich wollte doch nicht —

Fr. Bendemann. Lassen Sie nur. Ja, ja, es ist wahr, wir sind Alle nur Menschen. Und Keiner soll mit dem Anderen zu streng ins Gericht gehen! [Kleine Pause.] Ich danke Ihnen, lieber Herr Kelzer [Reicht ihm die Hand.]

Kelzer [innig]. Frau Bendemann — ich freue mich riesig, daß Sie morgen nicht abreisen. Sie sollten überhaupt dableiben. Immer. [Tritt näher.]

Fr. Bendemann. Immer, Herr Kelzer?

Kelzer [noch näher tretend]. Ach, war das schön, wie Sie da mir zur Seite — und so sachkundig — die Bücher revidirten.

Fr. Bendemann. Nun, lieber Herr Kelzer, so bieten Sie mir doch einen Posten an.

Kelzer [sie schüchtern an der Hand nehmend]. Ach ich wüßte wohl einen! Aber den nehmen Sie ja nicht an . . .

Fr. Bendemann [innig, ihm ihre Hand nicht entziehend]. Wer sagt Ihnen denn das, Herr Kelzer?

Kelzer [freudestrahlend]. Ja? Frau Bendemann — ich liebe Dich!

Fr. Bendemann. Herr Kelzer — ich bin Dein —! [Er küßt ihr die Hand. Kleine Pause. Lauscht.] Knistern der Parquetten? [Nach rechts lauschend.] Jemand schleicht nebenan durchs Zimmer. Da wollen wir doch sehen! [Verlöscht das elektrische Licht, setzt sich rasch in den Schaukelstuhl, so daß sie der Thür rechts den Rücken zuwendet. Kelzer zieht sich nach dem Erker zurück. Die Uhr schlägt zehn.]

8. Scene

Vorige. Paulmann von rechts. Gleich darauf von hinten Frida, die nach rechts vorgeht und Trudchen, die hinten lauschend stehen bleibt.

Paulmann [mit gedämpfter Stimme]. Zehn Uhr vorüber. Ich bin da. Und sie? Ach Gott, wenn sie nur nicht käme! Ich glaube

gar, da ist sie schon! Pst! Frau Frida! [Frau Bendemann
macht, im Schaukelstuhle sitzend, eine Geberde der Ueberraschung.]
Frida [auch mit gedämpfter Stimme]. Da bin ich! Sie sind ein
sonderbarer Mensch!
Paulmann [erschrocken]. Nicht so laut!
Frida. Sie flehten mich an, daß ich komme! Ich kam —
Paulmann. Ich seh' es. Nicht so laut!
Frida. Und nun scheinen Sie aber gar nicht erfreut zu sein.
Paulmann. Entschuldigen Sie! Die Angst! Die A n g st! Ich bin
in einer unbeschreiblichen Aufregung! Hören Sie mich an.
Hören Sie, was ich Ihnen sagen will!
Frida. Ich bin so glücklich, daß ich in Ihrer Nähe bin.
Paulmann. Ja, das glaub' ich! Aber nicht so laut. Hören Sie
mich an!
Frida. Theurer Freund, wie habe ich diesen Augenblick herbei=
gesehnt! Und Sie — wie frostig stehen Sie mir nun gegen=
über! Sie lieben mich doch?
Paulmann. Das soll Ihnen sofort klar werden.
Frida. Geliebter Mann!
Paulmann [immer verzweifelter]. Was sagen Sie? Das ist ja
schrecklich, was Sie da sagen! Sie — Sie sehen mich
in einem grauenvollen Zustande. Was hab' ich gethan!
[Die Hände ringend.] Gerechter was hab' ich da gethan!
Frida Theurer Mann, ich will Ihnen etwas gestehen Aber
— [Sehr laut.] sehen Sie weg!
Paulmann. Gerne! [Thut es.]

Stellung:

                                          Kelzer.

            Trudchen.

Frau Bendemann.   Frida.   Paulmann.

⌐⌐

Frida [huscht nach rechts ab. Trudchen nimmt ihren Platz ein].
Paulmann [die Hände ringend]. Allmächtiger, was hab' ich da
angerichtet? [Sich plötzlich fassend und sich gegen Trudchen, ohne sie
anzusehen, wendend.] Nein, gestehen Sie mir nichts — ich darf
Sie nicht täuschen! Hören Sie mich an! Jetzt m ü s s e n
Sie mich hören. Ich bitte Sie tausendmal um Entschuldigung,

aber ich bin kein Don Juan! Du lieber Gott, das ist ja
gerade, als wenn man für einen blutdürstigen Wolf hielte,
was wahrhaftig nichts als ein sanftes, ruhiges Schaf ist! Ja,
ein Schaf! Durch eine Verkettung von Umständen war ich
in ein schafes — schiefes Licht gerathen! (Schuldlos und
dabei die heftigsten Anklagen und Vorwürfe! Nicht nur von
meiner Frau — auch noch von ihrer Tante! Und was
für eine Tante! Sie hat mir mit ihrer Sorgfalt, und pein=
lichen Ueberwachung das Leben sauer gemacht.) Etwas Frei=
heit will der Mensch doch haben und ich bin ein Mensch —
jawohl! Und ich habe auch Gefühle — jawohl! Die auch
Berücksichtigung verlangen   jawohl! (Da — heftig erregt
in Wuth, wie ich war, sehe ich nun Sie vor mich hintreten!
Reizend und verlockend! War's da ein Wunder daß mir
der Gedanke kam: zum Donnerwetter, wenn Du schon vor
aller Welt als Don Juan giltst, so versuch's doch einmal
auch einer zu sein!) [Die Hände faltend.] Ich bitte Sie tausend=
mal um Entschuldigung, aber sehen Sie, verehrte Frau
Frida, mit dem besten Willen — es geht nicht! Ich liebe
nur Eine und werde auch nie eine Andere lieben! Und
das ist mein liebes, gutes, süßes Trudchen! [Trudchen tritt
hastig vor, umarmt ihn plötzlich und gibt ihm einen Kuß. — Paul=
mann, bestürzt, breitet die Arme abwehrend aus]. Thun Sie das
nicht! Thun Sie das nicht! [Trudchen umarmt ihn abermals
und küßt ihn wiederholt.] Lassen Sie los! Ah — ah — ah,
das ist ja —?

Trudchen [lachend]. Ja — Dein Trudchen!

Paulmann. Trudchen, Du [jubelnd.] mein Trudchen! Du bist
nicht böse? Ach, Trudchen — die Tante ist, Gott sei Dank,
nicht da! Noch einen Kuß! [Küßt sie stürmisch. Sich besinnend.]
Ja, wo ist denn die Andere?

9. Scene.

Vorige. Frida. Hinter ihr **Flemming** von rechts. **Trudchen** flüch=
tet sich rasch nach der Thür hinten.

Flemming [hinter der Scene, sehr erregt]. Erkläre mir, wie Du hier=
her kommst! [Stürmt herein, entzündet das elektrische Licht.] Ah ich
weiß wohl, was Dich hierher geführt hat, Du falsches Weib!
[Paulmann erblickend.] Da ist er! Ich wußte es ja. [An ihn
heran tretend.] Sieh mir ins Auge! Ein netter Liquidator! Ein

braver Liquidator! Ah! Ich hatte Dir doch gesagt, daß es [Auf Frida deutend.] hier nichts zu liquidiren gibt!

Paulmann [wüthend]. Aber ich habe ja da gar nichts liquidirt!

Flemming. Steht Frida auf der Liste?

Frida [Beiseite.] Aha!

Paulmann. Julius —!

Flemming [auf ihn los]. Du bist ein Verräther!

Paulmann. Das ist zuviel! [Tritt rasch nach links zurück, gibt dabei der Lehne des Schaukelstuhles einen heftigen Stoß. [Fr. Bendemann schreit laut auf, schnellt bis an den Kamin.] Tante — Du hier?

Fr. Bendemann. Ja —! Ich hatte Dich gesucht! [Zu Paulmann, ihm drohend.] Nett hast Du über mich gesprochen! Das muß man sagen!

Paulmann. Liebe Tante! [Kelzer kommt vor.]

Flemming. Und Kelzer! Wo kommen denn S i e her?

Kelzer. Ich bin — ich habe —

Fr. Bendemann [Kelzer an der Hand fassend]. Wir haben uns soeben verlobt!

Alle Uebrigen. Verlobt?

Paulmann [Kelzer jubelnd an die Brust drückend]. Ich gratulire ganz speciell!

Flemming. Das glaub' ich! [Wendet sich zu Frida — sie sprechen erregt miteinander.]

Paulmann. Aber ich gebe meine Demission als Liquidator! Die Regulirung übernimmt K e l z e r!

Kelzer [erschrocken aufschreiend, mit einer abwehrenden Geberde]. Um Gotteswillen!

[Der Vorhang fällt.]